Anna Mancini

Vos Rêves Peuvent Vous Sauver la Vie

Comment Et Pourquoi Vos Rêves Vous Alertent De Tous les dangers : Tremblements De Terre, Raz De Marée, Tornades, Tempêtes, Glissements De Terrain, Accidents D'avion, Agressions, Attentats, Cambriolages, Etc.

Buenos Books International

www.buenosbooks.fr

www.amancini.com

Dépôt légal: Paris, 2ème trimestre 2012

ISBN Version Imprimée: 978-2-36670-001-5

Buenos Books International,

http://www.buenosbooks.fr

Ce livre existe aussi en version audio et en version électronique.

TABLE DES MATIERES

INTRODUCTION

Ces dernières années, nous assistons partout dans le monde à une accélération du rythme des catastrophes naturelles. Malgré l'avancée de nos technologies, les pouvoirs publics ne sont pas toujours en mesure de prévenir à temps les populations. De ce fait, l'humanité continue de payer un lourd tribut en vies humaines et en dégâts matériels aux déchaînements de la Nature.

Pourtant, cette situation pourrait être facilement améliorée. De nombreuses vies pourraient être sauvées et d'importants dégâts évités si chacun apprenait à mieux écouter les messages que son corps — qui est en permanence en communication avec la Nature — lui transmet à travers le canal des rêves. En effet, il n'existe pas d'instrument plus efficace que le vivant, (par exemple le corps d'une personne ou d'un animal) pour détecter les signes avant-coureurs de catastrophes naturelles et permettre la fuite, avant qu'il ne soit trop tard. Cette capacité qu'a le corps humain ou animal de percevoir les changements de son environnement fait partie de l'instinct de vie.

La Terre, tout comme nous-mêmes, n'est pas seulement matière, elle est aussi énergie et ses transformations matérielles qui nous prennent parfois au dépourvu par leur apparente soudaineté, sont en réalité précédées bien avant le déclenchement matériel des éléments naturels, par des changements énergétiques et vibratoires de nature terrestre, mais aussi cosmique. Ce sont ces changements que le corps humain est aujourd'hui encore capable de capter sans que nous en ayons conscience et c'est aussi ce phénomène naturel qui permet aux animaux, lors de désastres naturels, d'échapper à la mort plus efficacement que la plupart des êtres humains qui ont perdu leur intuition, ne savent plus communiquer avec leur corps et ne prêtent plus attention à leurs rêves.

Notre corps est extraordinairement sensible aux moindres variations de notre environnement. Il a aussi un puissant instinct de vie qui le met en alerte dès qu'il ressent un danger et lui fait tirer la sonnette d'alarme en utilisant le canal des rêves ou de l'intuition. Il possède une remarquable sensibilité aux changements énergétiques et autres signes avant-coureurs de catastrophes naturelles. Une observation attentive sur une période de temps assez longue des connexions entre les rêves et la réalité met en évidence le fait qu'il est aussi très sensible aux pensées et émotions des autres êtres humains. En effet, elles ont elles aussi une dimension énergétique, parfois même nettement perceptible par certaines personnes directement à l'état de veille.

Mes années de recherches en dehors des sentiers battus, sur les liens entre les rêves, la réalité et l'environnement des personnes, m'ont permis de comprendre comment le corps humain dans son ensemble capte de nombreuses informations provenant de son environnement, et comment ces informations qui n'affleurent plus à la conscience de l'homme moderne à l'état de veille sont néanmoins transmises à son cerveau par le biais des rêves. Grâce à mes recherches, j'ai mis au point une méthode à la fois originale et très simple qui permet à presque tout le monde d'utiliser la faculté de rêver afin d'améliorer de nombreux aspects de la vie éveillée. Parmi ceux-ci, le fait de devenir plus aptes à percevoir les dangers qui nous menacent, qu'ils soient d'origine naturelle, humaine, ou technologique.[1]

---

[1] Nous pouvons aussi faire bien d'autres choses avec nos rêves, par exemple développer notre créativité ou mieux gérer notre santé comme je l'explique dans mon livre *La signification des Rêves* et au cours de mes séminaires et formations.

Ma façon d'utiliser la faculté de rêver est différente de tout ce qui existe actuellement dans la littérature sur les rêves qu'elle soit scientifique, psychanalytique, chamanique, etc. Elle est pragmatique, basée sur plus de vingt années d'observations objectives et tout le monde peut la pratiquer, moyennant un peu de temps chaque matin et quelques règles élémentaires d'hygiène de vie corporelle et psychologique.

En lisant ce livre, vous pourrez vous aussi apprendre à développer votre capacité de détecter les dangers de toutes sortes qui vous menacent, afin de pouvoir les éviter, voire, dans certaines circonstances sauver votre vie et celle de vos proches en toute autonomie.

Vous pourrez être mieux à même, par exemple:

— d'éviter une mort accidentelle en fuyant avant le déclenchement d'une catastrophe naturelle: tremblement de terre, éruption volcanique, glissement de terrain, déluge, tempête, raz de marée, avalanche;

— de faire échouer des agresseurs, des terroristes, des voleurs, des violeurs ou des cambrioleurs dans leurs projets;

— de savoir, avant de partir en voyage, par exemple en avion ou en bateau, si vous allez arriver sain et sauf à destination;

— de ressentir encore bien d'autres pièges et dangers.

En utilisant la technique accessible à tous, que j'explique dans ce livre, vous pourrez apprendre à «récupérer» les informations importantes qui sont à votre disposition lorsque vous êtes dans l'état de rêve. Vous pourrez aussi, pour les plus doués d'entre vous, développer une plus grande sensibilité et une plus grande intuition directement à l'état de veille, ce qui vous permettra de réagir encore plus efficacement aux dangers de votre environnement.

Avant de vous expliquer comment vous pouvez utiliser vos rêves pour vous protéger des dangers de votre environnement; je voudrais dans un premier chapitre vous parler des animaux, qui ont su garder une sensibilité consciente à leur environnement. C'est grâce à cette sensibilité corporelle et psychique directement à l'état de veille que les animaux sont capables de fuir, parfois longtemps avant le déclenchement de désastres, alors que la plupart des êtres humains, pris au dépourvu, perdent leur vie dans ces mêmes circonstances.

Dans un second chapitre, je voudrais vous parler de certaines personnes, parfois célèbres, qui, dans le passé, ont pu bénéficier de façon naturelle de leurs rêves pour être prévenues de dangers, sans toutefois en avoir toujours tiré parti pour y échapper. Dans un troisième chapitre, je vous expliquerai une méthode qui vous permettra de développer facilement, sans danger et en toute autonomie vos facultés oniriques et intuitives.

Enfin, je terminerai en vous parlant des rêves de fausses alertes de catastrophes, en d'autres termes des cauchemars et de leurs causes. Je vous expliquerai comment et pourquoi certains cauchemars se produisent et comment il est possible de les éviter.

CHAPITRE 1:

CES ANIMAUX QUI FUIENT AVANT LES CATASTROPHES NATURELLES

Tandis que les êtres humains continuent de vaquer tranquillement à leurs occupations, ne sentant rien venir, jusqu'au dernier moment; il a été observé à maintes reprises que les animaux sauvages s'enfuient pour se mettre à l'abri avant le déclenchement de catastrophes naturelles, tandis que les animaux domestiques ont des comportements inhabituels et fuient eux aussi, lorsqu'on leur en laisse la possibilité.

Par exemple, après le séisme survenu en Chine à Tangshan le 28 juillet 1976, qui a emporté 240 000 vies humaines, des rescapés ont affirmé avoir remarqué, un certain temps avant le déclenchement du séisme, les comportements inhabituels des animaux domestiques et sauvages: hurlement des chiens, agitation des serpents et des souris, comportement anormal des vaches et des chevaux, etc. Ils ont alors tiré la leçon de l'expérience et conseillé fortement de prêter attention aux comportements anormaux des animaux.

Hélas, plus tard, toujours en Chine, malgré les routes envahies de milliers de batraciens qui fuyaient un séisme quelques jours avant son déclenchement, la population du Sichuan vaquait tranquillement à ses occupations sans avoir le réflexe de se sauver, comme les grenouilles et les crapauds, le plus loin possible de ces lieux où un terrible tremblement de terre survenu le 12 mai 2008 a emporté à son tour plus de 80 000 vies humaines. Cet exode de batraciens était tellement spectaculaire que des photographies avaient été postées sur Internet. Sur certaines d'entre elles, nous pouvons voir des personnes, qui probablement ne sont plus vivantes aujourd'hui, rouler tranquillement à vélo sur des routes envahies par des milliers de grenouilles.[2] Ce phénomène impliquant des batraciens a été aussi remarqué en Italie lors d'un tremblement de terre survenu à Rome le 6 avril 2009[3] et en de nombreuses autres circonstances dont il est très

---

[2] http://heavenawaits.wordpress.com/frogs-predicting-earthquakes/

[3] http://www.allvoices.com/contributed-news/5542154-is-frog-species-have-earthquake-forecast

facile de trouver des témoignages sur Internet.[4]

D'autres animaux ont aussi démontré lors de catastrophes naturelles leurs capacités à sentir venir le danger. Par exemple, au Sri Lanka, après le terrible tsunami qui a dévasté le parc national de Yala, le 26 décembre 2004, aucun éléphant ne fut tué. Ce tsunami avait fait plus de 300 000 morts ou disparus en Thaïlande, en Inde du Sud, aux Maldives, aux Seychelles, à l'île Maurice, à Madagascar et sur les côtes Est de l'Afrique, et pourtant, les autorités Sri Lankaises avaient affirmé qu'elles n'avaient pas trouvé d'éléphants morts. Ces animaux ainsi que d'autres animaux sauvages du parc s'étaient mis à l'abri avant le déchaînement des éléments[5].

En Martinique, en 1902 l'éruption de la Montagne Pelée avait tué 30 000 habitants à Saint-Pierre, mais les animaux sauvages eux, sentant venir l'éruption avaient fui et sauvé leur vie.

---

[4] Tremblement de terre de l'Aquila, Italie http://www.guardian.co.uk/science/2010/mar/31/toads-dctect earthquakes-study

[5]http://weblog.sinteur.com/2004/12/tsunami-kills-few-animals-in-sri-lanka

A travers ces quelques exemples choisis parmi tant d'autres, nous ne pouvons qu'être frappés:

- par le fait que les animaux ont conservé cette faculté naturelle, bien pratique, de ressentir consciemment le danger, ceci parfois plusieurs jours avant le déclenchement des éléments.

- et par le fait que dans les mêmes circonstances, presque tous les êtres humains n'ont rien senti venir.

Nous pourrions être tentés de conclure comme tant d'autres chercheurs que les animaux ont des facultés nettement supérieures à celles des êtres humains dans le domaine de la détection des dangers de leur environnement, pourtant, comme nous le verrons, il n'en est rien. En effet, si l'être humain se donnait la peine d'utiliser ses capacités naturelles, il surpasserait de loin tous les animaux de la planète.

C'est en observant pendant plus de vingt années les liens entre rêves et réalité de nombreuses personnes, que j'ai pu constater que les êtres humains ont des capacités encore plus sophistiquées que celles des animaux pour se préserver de toutes sortes de dangers; et non pas seulement des dangers naturels.

Mais, je ne suis pas la seule personne, loin de là, à avoir constaté que l'être humain est capable de détecter les dangers de son environnement de façon encore plus précise que les animaux. Il existe de nombreux témoignages historiques relatant de telles capacités à toutes les époques. Certains de ces témoignages concernent souvent des personnes qui ayant été prévenues de dangers grâce à des rêves, ont pu y échapper ou non dans la réalité, selon les décisions qu'elles avaient prises suite à leur rêve d'alerte. D'autres témoignages concernent des personnes qui ont eu la capacité directement à l'état de veille de ressentir des perturbations de la Nature. Je vais à présent vous parler, dans le chapitre qui suit, de quelques exemples les plus frappants, choisis parmi tant d'autres.

CHAPITRE 2:
EXEMPLES HISTORIQUES DE PERSONNES AYANT GARDÉ LA CAPACITÉ DE RESSENTIR LES DANGERS DE LEUR ENVIRONNEMENT

De tout temps, il y a eu des êtres humains qui ont été capables de percevoir les dangers de leur environnement soit directement à l'état de veille, soit pendant leur sommeil. Goethe était capable de ressentir les tremblements de terre qui avaient lieu à une grande distance, tandis que le tristement célèbre Adolph Hitler eut la vie sauve grâce à un rêve.

Johann Peter Eckermann qui fut le secrétaire de Goethe pendant les neuf dernières années de la vie de ce dernier, a écrit en 1838 un ouvrage intitulé: *Conversations avec Goethe*.[6] Dans ce livre, Eckermann apporte le témoignage du fait que Goethe était capable de percevoir à l'état de veille des tremblements de terre qui avaient lieu

---

[6] Titre original allemand: *Gespräche mit Goethe*

à une grande distance de l'endroit où il se trouvait.[7]

Au cours d'une nuit de novembre 1917, lors de la bataille franco-allemande de la Somme, Adolph Hitler, alors qu'il n'était encore qu'un jeune caporal, se réveilla effrayé par un affreux cauchemar. Il rêvait qu'il se voyait agonisant, recouvert des débris d'un immeuble. Pour calmer sa frayeur, il sortit du bâtiment dans lequel il dormait avec ses compagnons de régiment, pour prendre l'air, tout en se disant qu'heureusement ce n'était qu'un cauchemar. Pourtant quelques instants plus tard, une bombe tomba sur le bâtiment duquel il venait de sortir et tua tous les autres soldats qui y dormaient.[8]

Dans le cas d'Adolph Hitler, étant donné le personnage, cela m'étonnerait beaucoup, qu'il ait bénéficié dans ces circonstances, d'une intervention divine pour lui sauver la vie. Il a simplement capté naturellement grâce à son subconscient un danger qui le guettait. Il était visiblement plus sensible que tous ses malheureux compagnons de régiment et avait

---

[7] D'autres exemples sont cités sur ce site: http://www.answers.com/topic/earthquake-prediction#ixzz1oYvA9qYs

[8] Your dreams and what they mean, Nerys Dee, p. 28

une meilleure communication avec son subconscient et son corps et un meilleur instinct de vie. Je voudrais ajouter qu'il arrive souvent que des personnes habituellement très rationnelles, rêvant peu et ne prêtant aucune attention à leurs rêves tombent abruptement dans la superstition ou la croyance en une intervention divine lorsqu'elles ont été sauvées d'un danger grâce à un rêve on ne peut plus naturel. Bien que dans certains cas, on ne puisse exclure totalement la possibilité d'une intervention surnaturelle, la plupart du temps rêver d'un danger qui menace est un phénomène naturel, tout à fait explicable et lié à notre faculté subconsciente de percevoir les dangers de notre environnement afin de préserver notre vie.

Plus loin dans l'histoire, nous trouvons à l'époque romaine un témoignage de rêve d'alerte de danger émanant de Calpurnia, la femme de Jules César. Calpurnia fut la dernière épouse de Jules César jusqu'à sa mort en 44 avant Jésus Christ. Une nuit, elle rêva qu'on assassinait son mari au Sénat et elle l'alerta, le suppliant de se protéger. César ne l'écouta pas, il se rendit normalement au Sénat où il fut effectivement assassiné.[9]

---

[9] http://fr.wikipedia.org/wiki/Calpurnia_Pisonis

A travers cet exemple, on voit que César qui était directement concerné par le danger n'avait rien rêvé lui-même et qu'il ne semblait pas accorder d'importance aux rêves, du moins à ceux de son épouse. Or, quand on vit en couple ou en famille, il est courant que les uns fassent des rêves contenant des informations qui concernent les autres membres de la famille. Je vous reparlerai plus loin de ce phénomène naturel et des raisons pour lesquelles il se produit. Pour le moment, je vais vous citer un autre exemple historique, celui d'un ancien président des Etats-Unis.

Aux Etats-Unis, une dizaine de jours avant son assassinat, le président Abraham Lincoln avait fait un rêve qui l'avait tellement marqué qu'il avait éprouvé le besoin d'en parler à ses proches. Parmi eux se trouvait Ward Hill Lamon qui a relaté, en ces termes, dans un ouvrage intitulé: *Recollections of Abraham Lincoln 1847-1865*, le rêve qu'Abraham Lincoln lui avait alors raconté[10]:

---

[10] P. 116-117, Texte original: "About ten days ago, I retired very late. I had been up waiting for important dispatches from the front. I could not have been long in bed when I fell into a slumber, for I was weary. I soon began to dream. There seemed to be a death-

«Il y a environ dix jours, je me suis retiré très tard. J'étais resté debout à attendre d'importantes dépêches du front. Il ne m'a pas fallu longtemps avant de tomber de sommeil, car j'étais fatigué.

---

like stillness about me. Then I heard subdued sobs, as if a number of people were weeping. I thought I left my bed and wandered downstairs. There the silence was broken by the same pitiful sobbing, but the mourners were invisible. I went from room to room; no living person was in sight, but the same mournful sounds of distress met me as I passed along. I saw light in all the rooms; every object was familiar to me; but where were all the people who were grieving as if their hearts would break? I was puzzled and alarmed. What could be the meaning of all this? Determined to find the cause of a state of things so mysterious and so shocking, I kept on until I arrived at the East Room, which I entered. There I met with a sickening surprise. Before me was a catafalque, on which rested a corpse wrapped in funeral vestments. Around it were stationed soldiers who were acting as guards; and there was a throng of people, gazing mournfully upon the corpse, whose face was covered, others weeping pitifully. 'Who is dead in the White House?' I demanded of one of the soldiers, 'The President,' was his answer; 'he was killed by an assassin.' Then came a loud burst of grief from the crowd, which woke me from my dream. I slept no more that night; and although it was only a dream, I have been strangely annoyed by it ever since."

J'ai vite commencé à rêver. Autour de moi, il semblait régner un silence de mort. Puis j'ai entendu des sanglots étouffés, comme si de nombreuses personnes étaient en train de pleurer. Je pense que j'ai quitté mon lit et que je suis allé en bas. Là, le silence était rompu par les mêmes pitoyables sanglots, mais les personnes qui pleuraient étaient invisibles. Je suis allé de pièce en pièce; aucun être vivant n'était en vue, mais il y avait toujours les mêmes pleurs de détresse alors que j'avançais. Je vis de la lumière dans toutes les pièces; chaque objet m'était familier; mais où étaient les personnes qui pleuraient à se fendre le coeur? J'étais perplexe et effrayé. Que signifiait tout cela? Déterminé à trouver la cause d'un état de choses si mystérieux et si choquant, j'ai continué à avancer jusqu'à la East Room dans laquelle je suis entré. Là, je me suis trouvé face à une poignante surprise. Devant moi, il y avait un catafalque sur lequel était allongé un corps revêtu de vêtements funéraires. Autour du corps étaient stationnés des soldats qui montaient la garde; et il y avait une foule de gens dont le visage était couvert qui regardaient plaintivement le corps, les autres pleuraient pitoyablement. «Qui est mort à la Maison-Blanche?» ai-je demandé à l'un des soldats. «Le Président» a-t-il répondu; «Il a été tué par un assassin.» Alors il y eut un bruyant accès de chagrin dans la foule, ce qui me réveilla. Je ne dormis plus cette nuit-là; et bien que ce n'était qu'un rêve, j'en suis resté depuis étrangement perturbé.»

Trois jours plus tard, alors qu'il était au théâtre avec son épouse, le président Abraham Lincoln fut assassiné dans sa loge présidentielle par un acteur et opposant politique.

Le naufrage du Titanic le 14 avril 1912 fut — selon l'enquête menée par Ian Stevenson — vu en rêve avant sa survenance par quelques voyageurs qui annulèrent de ce fait leur voyage.[11]

Le 21 octobre 1966 à Aberfan, petit village minier d'Angleterre une école fut ensevelie sous une avalanche de 500 tonnes de débris miniers faisant 144 morts essentiellement des enfants. Parmi eux se trouvait Eryl Mai Jones âgée de 10 ans qui avait rêvé de l'évènement deux semaines avant sa survenance. Elle avait dit à sa mère qu'elle n'avait pas peur de mourir, car elle sera en compagnie de ses camarades de classe Peter et June. Le matin du 20 octobre, elle parla à sa mère d'un rêve qu'elle venait de faire en ces

---

[11] *Histoires Paranormales du Titanic*, Bertrand Méheust, J'ai lu, 2006

termes: «Maman, je veux te parler d'un rêve que j'ai fait la nuit dernière. J'ai rêvé que j'allais à l'école et qu'il n'y avait plus d'école. Quelque chose de noir l'avait recouverte.» [12]

Si cette enfant avait été ma fille, j'aurais essayé d'en savoir plus dès son premier rêve, j'aurais fait mon enquête sur les rêves des autres enfants de son école et j'aurais très certainement moi-même rêvé de l'événement à venir et tenté de faire quelque chose pour sauver les vies de tous ces enfants.

A travers ces quelques exemples, il est facile de comprendre que certains êtres humains sont encore plus doués que les animaux pour percevoir grâce à leurs rêves les risques de leur environnement, qu'ils soient naturels ou non. Il vient donc logiquement à l'esprit de se dire, mais pourquoi donc les pouvoirs publics dans le monde ne créent-ils pas des organismes d'enregistrement des rêves de catastrophes pour aider les populations?

---

[12] The New World of Dreams, Woods And Greenhouse, p. 86 ; Voir aussi le site: http://www.metapsychique.org/Prevision-de-desastres.html;
Voir aussi l'article publié dans British Journal of the Society for Psychic Research (vol. 44), 1967

Comme nous allons le voir, de tels organismes furent effectivement mis en place, mais ces initiatives se soldèrent par un échec dont nous expliquerons les raisons à la lumière de nos propres recherches sur les connexions entre le rêve, la vie éveillée et l'environnement physique et énergétique des rêveurs.

CHAPITRE 3:

L'ECHEC DES «BUREAUX D'ENREGISTREMENT DES REVES DE CATASTROPHES» ET LEURS RAISONS

Un psychiatre anglais, le Dr Barker fut tellement frappé par les événements d'Aberfan qu'il décida de créer en janvier 1967 le *British Premonition Bureau*. Il pensait que grâce à ce bureau, il serait possible d'alerter les populations et de sauver des vies. Une année plus tard, dans la même ligne, les Américains créèrent à leur tour, à New York, le *Central Premonition Bureau*. Un bureau fut aussi créé en Belgique.

Hélas, nous savons, par la presse de l'époque, que les expériences anglaises et américaines ne furent pas concluantes. Les bureaux, d'une part, reçurent de nombreux rêves de catastrophes qui ne se réalisèrent jamais et ne furent en définitive que de «fausses alertes». D'autre part, ils n'enregistrèrent qu'un tout petit nombre de rêves qui se révélèrent réellement prémonitoires.

Faute d'efficacité, les deux bureaux décidèrent d'arrêter leurs activités. Pourtant, un changement dans leur manière de procéder leur aurait permis d'atteindre les objectifs pour lesquels ils avaient été créés.

Le fait que ces bureaux aient reçu principalement de fausses alertes n'est pas étonnant étant donné que tout le monde, connaissant ou non son «terrain onirique» ayant fait ou non un travail personnel pour comprendre ses rêves pouvait envoyer ses rêves, ou plutôt ses cauchemars! Or, pour savoir si un rêve est un véritable rêve d'alerte, on ne peut se contenter de prendre connaissance du récit d'un rêve et de l'enregistrer. Il faut, en outre, de nombreuses informations supplémentaires sur la vie diurne du rêveur qui a envoyé ce rêve, sur son état de santé physique et psychologique, sur ses activités le ou les jours qui ont précédé ce rêve, sur les repas et les boissons qu'il a pris, sur ce qu'il a regardé à la télévision ou au cinéma, sur le lieu où il a dormi et éventuellement sur la ou les personnes auprès desquelles il a dormi, sur son état de calme ou de stress, et d'autres informations dont je vous parlerai plus loin en vous donnant des exemples de rêves de fausses alertes et de leurs causes liées au mode de vie des rêveurs.

Toutes ces informations sont évidemment très personnelles et aucune population dans son ensemble ne souhaiterait, même pour la bonne cause, qu'un organisme public (ou non) puisse s'immiscer à ce point dans sa vie privée. Alors que faudrait-il faire?

Collectivement, il serait plus judicieux que chacun apprenne à se servir de ses rêves en toute autonomie et qu'en plus un ou plusieurs organismes de «veille onirique des catastrophes» rassemblant des rêveurs compétents et formés soient créés. Dans l'idéal, tout le monde devrait apprendre à récupérer les informations utiles des rêves et à mieux rêver. Nous devrions tous parfaitement connaître notre «terrain onirique» afin de pouvoir distinguer entre les vrais rêves d'alerte et les simples cauchemars.

Si des organismes publics rassemblant des personnes très douées dans ce domaine pouvaient être créés partout dans le monde et collaborer entre eux, cela serait formidable. Mais, la meilleure façon de se prémunir des dangers à titre personnel (et aussi pour pouvoir alerter ses proches) consiste à se développer personnellement. D'autant plus que cela est accessible à presque tout le monde moyennant un peu de travail personnel chaque matin pendant environ un an et une bonne hygiène de vie. En développant notre propre capacité naturelle de percevoir les dangers, nous nous mettons aussi à l'abri de l'angoisse provoquée régulièrement par des personnes qui annoncent — de bonne ou de mauvaise foi — l'imminence de terribles cataclysmes, voire la fin du monde!

Ce travail personnel consiste à observer d'une certaine façon ses rêves et sa réalité et à faire quelques petites expériences pour mieux comprendre comment le corps communique ses informations au cerveau et vice-versa.

En tenant un carnet de rêve et de réalité de la manière expliquée plus loin, vous pourrez comprendre comment votre corps fonctionne au plan informationnel. Grâce à cette compréhension, vous pourrez tirer parti de vos rêves pour être prévenus à temps, parfois longtemps à l'avance des dangers qui vous menacent.

Dans le chapitre qui suit, je vais vous expliquer comment fonctionne le corps humain à la jonction du visible et de l'invisible et comment il est possible de tirer parti de cette faculté pour «récupérer» le plus d'informations propres à assurer votre survie dans un environnement (naturel, technologique ou humain) en train de se préparer à devenir hostile.

CHAPITRE 4:

LE FONCTIONNEMENT INFORMATIONNEL DU CORPS HUMAIN A LA JONCTION DU REVE ET DE LA REALITE

Ce que je vais vous expliquer ici provient de mes recherches personnelles sur une très longue période. Cela vous aidera, je l'espère, à comprendre comment votre corps fonctionne à la jonction du rêve et de la réalité, du visible et de l'invisible et à apprendre à mieux tirer parti de ce phénomène.

Bien que dans le monde occidental, nous soyons intéressés principalement par l'aspect matériel de l'existence, notre corps n'en est pas moins à la fois matériel et immatériel. En d'autres termes, nous avons tous une dimension à la fois corporelle/matérielle et énergétique/informationnelle. En tant que champ d'informations, notre corps est à la fois émetteur, récepteur et transformateur d'informations/énergies.

La plupart des activités corporelles de type informationnel se font souvent sans que notre mental en soit conscient. Grâce à sa sensibilité aux énergies, vibrations et informations intangibles de son environnement proche ou lointain, le corps est beaucoup plus apte que le mental à percevoir les modifications de son environnement et à capter les informations, énergies, émotions ou pensées des autres êtres vivants.

Dans sa dimension informationnelle, chaque être vivant est entouré d'une bulle d'énergie/information dans laquelle circulent les informations émises dans l'environnement et les informations en provenance de l'environnement. Ce processus est comme une respiration ininterrompue, aussi bien à l'état de veille que pendant le sommeil.

A l'état de veille, le cerveau conscient de l'homme moderne est le plus souvent déconnecté du ressenti corporel et ne bénéficie donc pas des informations utiles que son corps pourrait lui procurer si, comme les animaux sauvages, il avait gardé le contact avec lui. Pendant les rêves, dans la plupart des cas, ce n'est plus le mental qui domine, c'est donc un moment privilégié pour le corps pour faire passer au cerveau de l'homme endormi des informations qui à l'état de veille n'ont pu lui parvenir. Ces informations peuvent concerner la qualité énergétique de son environnement mais aussi des personnes rencontrées au cours de la journée précédente.

En effet, lorsque des personnes se rencontrent, même si elles ne se touchent pas, leurs corps à travers leurs «bulles informationnelles»[13] échangent toutes sortes d'informations. Nous nous «scannons» les uns les autres dès le premier contact et nous engrangeons dans nos subconscients toutes sortes d'informations sur nos interlocuteurs (leur niveau d'énergie vitale, leur histoire, l'endroit d'où ils viennent, leur état émotionnel, leur état de santé, leur passé proche et lointain, leur patrimoine génétique, etc.) tandis que notre mental s'occupe la plupart du temps uniquement du discours de la personne rencontrée, de son allure, de ses vêtements, et de son statut social! Certaines informations captées par le corps parviendront à la conscience grâce aux rêves, mais elles pourront être parfois très déformées ou symboliques et donc

---

[13] Selon les diverses traditions spirituelles qui ont observé aussi ce phénomène, nous pourrions dire aussi: à travers leurs auras, ou à travers leurs corps subtils ou éthériques, etc. Mais nous préférons nous en tenir dans cet ouvrage à un vocabulaire non religieux, pour que ce livre puisse être utilisé par tous, ceux qui croient et ceux qui ne croient pas en Dieu.

incompréhensibles pour les personnes qui ne sont pas habituées au langage des rêves, qui est aussi en très grande partie celui de la Nature.

Lorsque nous nous rendons dans un lieu quel qu'il soit, tandis que notre mental regarde avec les yeux, écoute avec les oreilles, sent avec le nez, notre corps perçoit à travers la plante des pieds, à travers les paumes des mains et à travers toute la surface de la peau les énergies et les vibrations des lieux. Toutes ces sensations recueillies par le corps[14] sont ressenties de manière plus ou moins forte selon les individus comme étant l'ambiance des lieux. Etes-vous capables de ressentir la différence entre l'atmosphère énergétique d'une église, d'un bar, d'une plage ensoleillée, d'une forêt au printemps, d'un cimetière ou d'un hôpital? Où faites-vous partie de ces personnes dominées par leur mental qui n'ont plus l'instinct de fuir

---

[14] Certaines traditions spirituelles enseignent que l'être humain capte ces informations à travers son aura ou son corps éthérique. Ce phénomène pour peu qu'on y prête attention donne la sensation d'avoir comme une seconde peau à une distance variable de quelques centimètres à plusieurs mètres selon les personnes. Ensuite, il faut tout de même passer par le corps matériel pour que les informations puissent affluer à la conscience diurne grâce au cerveau, à travers le canal des rêves et de l'intuition.

certains lieux (habitations, restaurants, boutiques, abords d'abattoirs, etc.) matériellement beaux, mais énergétiquement nocifs, parce qu'ils ne ressentent plus de manière consciente la nocivité énergétique de certains lieux et se laissent séduire par une apparente harmonie matérielle?

Que vous fassiez partie du premier ou du deuxième groupe de personnes, vous avez tous intérêt à développer votre capacité de communiquer avec votre corps. C'est très facile à faire, il suffit pour cela d'observer pendant un certain temps les liens entre vos rêves et votre réalité en appliquant la méthode que je vais vous expliquer à présent.

CHAPITRE 5:

COMMENT DEVELOPPER VOS PERCEPTIONS EN UTILISANT VOS REVES

J'explique ici rapidement comment procéder. Vous pouvez vous contenter parfaitement de ce livre pour faire vos propres expériences et développer vos capacités de percevoir les dangers de votre environnement quels qu'ils soient. Si vous voulez en savoir plus et aller plus loin, vous pouvez aussi lire mon ouvrage *La signification des rêves*[15] qui vous apportera des informations plus détaillées et vous expliquera aussi beaucoup d'autres choses qu'il est possible de faire avec les rêves.

Le matin, au réveil, n'allumez pas la radio, ne vous précipitez pas sur votre ordinateur, ne pensez pas à vos activités de la journée. Restez un peu dans votre lit, essayez de vous souvenir

---

[15] *La Signification des Rêves*, Anna Mancini, Editions Buenos Books International, Paris (Il s'agit de la seconde édition de l'Intelligence des rêves). Cet ouvrage a aussi été traduit en Italien, en Anglais et en Espagnol.

de vos rêves. Si rien ne vient, changez de position dans le lit, puis asseyez-vous et essayez encore de vous souvenir de vos rêves. En faisant cela, vous verrez que peu à peu vous améliorerez votre capacité à vous souvenir de vos rêves. Il suffit bien souvent de prêter attention aux rêves pour que la faculté de rêver et de se souvenir des rêves se développe. Si dans les débuts, vous ne parvenez pas à vous souvenir de vos rêves, alors notez dans un cahier (ou toute autre chose à votre convenance: enregistrement audio, iPad, ordinateur, etc.) votre état d'esprit, et votre état physique au réveil, aussi les pensées qui vous passent pas la tête au moment de votre réveil. Cela peut être parfois des refrains de chansons, notez tout cela et notez aussi les grandes lignes de votre réalité comme je l'explique plus loin.

La plupart des personnes qui affirment qu'elles ne se souviennent pas de leurs rêves sont des personnes qui ne dorment pas assez. Souvent, il leur suffit de faire une grasse matinée pour que leur «machine à rêver» se remette en route. Lorsque ce n'est pas le manque de temps de sommeil qui est en cause, il suffit d'appliquer quelques unes des techniques exposées à la fin du livre dans la partie «Réponses aux questions fréquentes», pour retrouver et développer la mémoire des rêves.

J'aime beaucoup coacher les cas difficiles et voir comment la vie de ces personnes se transforme positivement, à tous points de vue, quand elles ont à nouveau accès aux informations de leurs rêves.

Lorsque vous vous souviendrez de vos rêves, il conviendra de les noter avec le maximum de détails, comme si vous relatiez un film que vous êtes en train de regarder. En plus de l'histoire, s'il y en a une, notez vos sentiments, la situation dans l'espace et par rapport à vous des objets, des animaux, des autres personnages. Notez tout ce que vous avez ressenti «corporellement» dans le rêve, les sons, les odeurs, les sentiments de bien-être ou de mal-être, l'intensité des couleurs, etc. Notez les couleurs des vêtements des personnages de vos rêves, la qualité du pelage des animaux, la couleur de leurs yeux etc.

Concernant la réalité, vous pouvez être beaucoup plus brefs. Il suffit de noter les grandes lignes de vos activités de la veille, de signaler les gens que vous avez rencontrés, ce que vous avez lu, regardé à la télévision, sur Internet, écouté à la radio, etc. Notez aussi ce que vous avez mangé, les lieux où vous êtes allés, l'endroit où vous avez dormi (si ce n'était pas votre chambre habituelle), la personne auprès de laquelle vous avez dormi et si vous avez eu des rapports sexuels et avec qui. Notez votre humeur du jour (excellente, bonne, mauvaise), votre forme physique (grande forme, fatigue, douleurs, maladie, bien-être). Avez-vous eu des malaises, un rhume, des lourdeurs dans les jambes, des problèmes de santé physique? Vous êtes-vous senti heureux, déprimés, nerveux, etc. Notez tout cela. Notez aussi toute autre information que vous jugerez utile en fonction de vos activités, de vos projets en cours ou de votre vie affective.

Cela vous surprend peut-être que je conseille de prendre des notes à propos des rapports sexuels? Vous verrez en faisant votre propre travail d'observation des liens entre vos rêves et votre réalité que lorsque nous avons un échange sexuel, il se passe au niveau invisible des choses importantes dont nous n'avons souvent pas conscience: nous échangeons nos énergies, les vibrations de notre histoire, notre ambiance énergétique et nous gardons tout cela dans notre propre «système» un certain temps, avant d'en évacuer une bonne partie. De ce fait, lorsque nous avons des rapports sexuels avec une nouvelle personne, nos rêves sont transformés en conséquence et nous pouvons rêver d'informations qui en réalité se rapportent à notre partenaire. Il y aurait beaucoup à écrire sur cette question! A vous d'observer ce qui se passe, et d'en tirer les leçons pour votre vie amoureuse.

Concernant les rêves, n'hésitez pas à noter tout ce dont vous vous souvenez, et même les informations qui vous dérangent, vous semblent sans importance voire stupides. Travaillez dans la plus grande neutralité, sans juger, sans déformer, comme si vous étiez en train de décrire un film joué par d'autres. Surtout, laissez librement affleurer vos pensées, idées, sentiments. Ne jugez pas, ne prêtez aucune attention à la forme et à l'orthographe. D'ailleurs, il arrive que des fautes d'orthographe donnent la clef de l'interprétation d'un rêve. Même si vous estimez ne pas « savoir rédiger », n'y prêtez pas attention. Cela n'a aucune importance pour votre objectif et lorsque vous notez vos rêves et votre réalité, faites-le en toute liberté, sans aucune censure.

Au début de votre travail de notation, ne cherchez pas à interpréter vos rêves. A ce stade, ce n'est pas utile et vous pourrez le faire beaucoup plus efficacement et avec une grande facilité après un certain temps de notation de vos rêves et de votre réalité. En effet, quand vous aurez assemblé assez de matériel, il vous suffira de relire d'un coup votre carnet et vous verrez apparaître les connexions entre vos rêves et votre réalité. En d'autres termes, vous verrez qu'un même type de symbole onirique apparaît en concomitance avec un même type de situation vécue dans la réalité. Cette concomitance vous permettra de décoder de façon précise la signification de votre propre symbolisme onirique. J'explique cela plus en détail à la fin de cet ouvrage dans la partie «Réponses aux questions fréquentes» où je vous donne des conseils pour interpréter vos rêves grâce à la méthode d'observation des connexions entre vos rêves et votre réalité.

Il est important de vous habituer au langage de vos rêves et de comprendre votre propre code onirique parce que parfois les rêves qui vous avertissent de dangers peuvent être symboliques et il convient alors de savoir les interpréter.

Par exemple, un de mes amis exerçant en tant que libéral une activité paramédicale m'a confié un jour un rêve qui l'avait beaucoup marqué dans lequel il voyait que sa plus proche collaboratrice volait dans la caisse. Ce rêve était tellement fort et avait l'air tellement réel que malgré la confiance qu'il avait envers cette collaboratrice qui travaillait avec lui depuis de nombreuses années, il avait quand même contrôlé la caisse sans rien y déceler d'anormal. Il pensa donc que son rêve était faux, mais il s'avéra qu'il était tout simplement symbolique. En effet, il apprit un peu plus tard par ses clients que sa plus proche collaboratrice faisait fuir la clientèle en sabotant la réputation de son patron. Ce qui avait été présenté dans le rêve de mon ami comme « voler dans la caisse ». Cet ami aurait pu d'emblée comprendre son rêve et réagir plus vite, s'il avait tenu un carnet de rêves et de réalité. Mais, tel n'était pas son cas.

A travers cet exemple, on comprend l'intérêt de comprendre la signification des rêves symboliques. Mais, il faut être patient et ne pas brûler les étapes. Le plus important dans un premier temps pour l'objectif qui nous intéresse (à savoir le développement de la faculté de ressentir les dangers) est d'entraîner le conscient, le subconscient et le corps à mieux communiquer. La compréhension de la signification de vos rêves se fera très simplement d'elle-même une fois que votre corps, votre subconscient et votre conscient auront rétabli les ponts que le mode de vie moderne a coupés chez la plupart d'entre nous.

Au début donc, ne cherchez pas à comprendre vos rêves avec votre mental. Au lieu de cela, laissez chaque matin, les informations, l'ambiance, les images et les couleurs de vos rêves affleurer à la surface de votre conscience sans les juger. Acceptez-les, vivez-les dans un état de méditation. Vous verrez que parfois, dès que vous commencerez à écrire la malheureuse bribe de rêve dont vous vous souvenez, d'autres rêves entiers surgiront d'un coup dans votre mémoire. Il suffit d'avoir un peu de temps pour vous-mêmes le matin, de vous relaxer et de vous plonger à l'intérieur de vous-mêmes au lieu de penser à toutes vos obligations de la journée.

En faisant cette chose si simple pendant un certain temps, vous faciliterez la communication entre votre conscient, votre subconscience et votre corps et vous vous remettrez peu à peu dans les conditions optimales pour être prévenus des dangers qui pourraient survenir dans votre environnement immédiat (et dans certaines circonstances même très lointain). La vie moderne nous a coupés peu à peu de notre ressenti corporel, de notre vie intérieure, et de la nature, principalement parce que le mental et les activités diurnes que nous menons dans des environnements de plus en plus artificiels ont pris le dessus. Mais rien ne nous empêche d'apprendre à tirer à nouveau parti des capacités que nous avons tous à l'état latent et qui se manifestent aujourd'hui principalement à travers l'état de rêve.

En reprenant contact avec votre vie intérieure, votre subconscient et votre corps et à travers ce dernier avec la Nature, vous serez à même de mieux ressentir, tout comme les animaux, ce qui se passe dans votre environnement énergétique et vous pourrez vous aussi vous mettre à l'abri avant le déclenchement d'événements tels: tremblements de terre, raz de marée, tornades, avalanches, éruptions volcaniques, etc. Vous pourrez même aller plus loin que les animaux et savoir, par exemple, s'il y a des défaillances techniques dans une centrale nucléaire proche, ou dans l'avion, l'automobile ou le bateau que vous avez l'intention de prendre.

Tout cela peut vous paraître merveilleux, paranormal, ou même impossible. Je ne vous demande pas de me croire, mais de faire sérieusement votre propre travail d'observation des connexions entre vos rêves et votre réalité. Vous verrez alors, lorsque vous aurez assemblé suffisamment d'informations oniriques et diurnes, que des événements futurs sont présents dans les rêves bien avant leur survenance dans la réalité. En fait, observer de cette manière les connexions entre rêves et réalité démontre que nous ne vivons pas la vie dans le sens que nous croyons. Tout semble se passer dans le sens inverse. C'est-à-dire que tout ce que nous vivons dans la réalité, nous l'avons d'abord créé au niveau énergétique/informationnel/vital dans le rêve. C'est comme si dans la réalité nous ne faisions que concrétiser des événements que nous avons créés seuls ou avec d'autres personnes dans le monde énergétique du rêve.

Cependant, il apparaît aussi clairement que bien que le rêve construise notre réalité, la réalité influence à son tour le rêve, puisque nous pouvons capter à travers notre corps, à l'état de veille, toutes sortes d'influences et d'informations qui se mêleront à la trame énergétique des rêves avec lesquels nous «fabriquons» tous nous-mêmes l'essentiel de notre vie et de notre futur. Cet aspect de la vie humaine était très bien connu par exemple par les anciens Mayas qui enseignaient l'art de «semer et de faire germer les rêves». C'est aussi dans ce monde énergétique des rêves qui double notre «monde réel» que se propulsent les chamans de nombreuses traditions en entrant en transe. Ils opèrent ainsi des changements à un niveau énergétique en amont de la manifestation matérielle de certains événements dont ils peuvent ainsi modifier le cours. Il m'est possible de faire la même chose directement dans le rêve et à l'état de rêve. C'est-à-dire qu'avec leur permission, j'entre dans les rêves de personnes que je coache pour les aider à régler certains problèmes, lorsqu'elles ne sont pas encore assez développées pour le faire elles-mêmes.

Malgré tous les résultats tangibles obtenus depuis des millénaires par les chamans de diverses traditions qui utilisent l'énergie du rêve, il existe toujours en Occident de nombreux chercheurs, notamment dans le domaine de la lucidité onirique qui pensent que les rêves n'ont lieu que dans la tête du rêveur, qui donc rêverait toujours de façon isolée. Or, s'il est vrai que certains rêves ne concernent que le rêveur et se passent dans son corps et dans son cerveau, une observation des liens entre le rêve et la réalité d'un même rêveur fait rapidement apparaître qu'il ne rêve pas de façon isolée et qu'à l'état de rêve son corps et son esprit échangent des informations et des énergies avec l'environnement et avec d'autres rêveurs.

Le Marquis Hervey de Saint Denys, précurseur occidental dans le domaine de la lucidité onirique pensait que chaque personne rêvait de façon isolée. Pourtant, Hervey de Saint Denys était un rêveur lucide très doué et plein d'imagination pour inventer des expériences. Il a écrit en 1867 un ouvrage intitulé: *Des rêves et des Moyens de les Diriger*[16] qui relate ses expériences dans le domaine et qui est toujours la bible des chercheurs sur la lucidité onirique. Son ouvrage est d'un grand intérêt, même si malgré les évidences de ses propres expériences il a persisté à penser qu'il rêvait de façon isolée.

Il existe comme l'écrit Robert Moss[17] une sorte d'Internet psychique. Celui-ci étant particulièrement actif à l'état de rêve. L'existence de cet «Internet psychique» permet à nos subconscients d'échanger des informations, et par exemple de capter les dangers de l'environnement, et d'être au courant des pensées d'individus qui peuvent présenter pour nous un danger. C'est grâce à cette capacité d'échanger des informations à l'état de rêve que j'ai pu être prévenue des attentats de New York.

Le rêve le plus marquant de danger fait au cours de ma vie concernait, en effet, les attentats du 11 septembre 2011 à New York. Une nuit de juillet 2011, je me suis réveillée après avoir fait

---

[16] Hervey de Saint Denys, *Des rêves et des Moyens de les Diriger, Editions Buenos Books International, www.buenosbooks.fr*

[17] Robert Moss, Dreaming True, How to dream your future and change your life for the better, Pocket Books, New York, 2000

un rêve très clair dans lequel je voyais comme de grands obus blancs tomber sur des buildings de Manhattan. Dans mon rêve, c'était la guerre à New York. Je regardais cette scène avec un grand calme, puis je me suis vue marcher tout aussi calmement avec une foule d'Américains, dans une rue de Manhattan. La veille, j'avais commencé à organiser mon voyage pour le mois de septembre à New York et j'avais fait des recherches sur Internet pour trouver un logement. Ce rêve me fit beaucoup réfléchir. Il était tellement fort, tellement spécial, mais «la guerre à New York», rationnellement, cela me paraissait tellement incroyable et tout à fait improbable. Finalement, après avoir longtemps hésité, je décidais de réserver quand même mon billet d'avion et de me rendre à New York en septembre 2011. J'avais pris cette décision, car, malgré «la guerre à New York» que m'annonçait ce rêve, je voyais aussi que j'étais vivante, que je n'avais pas de problèmes, et que je marchais calmement dans la foule dans une rue de Manhattan. Personnellement, je ne courrais donc vraisemblablement aucun risque en me rendant à New York, même au cas où «la guerre» très improbable annoncée par mon rêve aurait vraiment lieu. Le 11 septembre 2011, j'étais donc à Manhattan dans un logement que j'avais loué dans la 14ème rue à l'Est de la ville. Après avoir travaillé toute la matinée, je suis sortie pour déjeuner et j'ai constaté qu'il n'y avait aucune circulation automobile dans le quartier. La rue était envahie par une foule de piétons qui marchaient en silence en direction du pont de Brooklyn. Je me suis jointe à eux, car j'avais envie d'aller dans la même direction. Tandis que je marchais dans cette foule, j'ai d'abord pensé qu'il y avait une fête ce jour-là. Mais, rapidement, j'ai ressenti que ce n'était pas une ambiance de fête, mais plutôt une terrible atmosphère de catastrophe. J'ai demandé alors à un agent de police qui était là pourquoi on voyait de la fumée au loin vers Battery Park. Il m'a dit qu'il y avait eu un attentat et que les Twin Towers s'étaient écroulées. Soudainement, le rêve fait au mois de juillet me revint en mémoire et je compris que, comme dans ce rêve, j'étais calmement en train de marcher dans la foule tandis qu'une «guerre avait lieu à New York». Mon rêve du mois de juillet, malgré le peu de vraisemblance que je lui accordais rationnellement s'était donc avéré être un véritable rêve d'annonce de catastrophe. Ce qui signifie qu'au moment où j'ai rêvé, ces événements étaient donc déjà présents à l'état énergétique dans le «monde parallèle» du rêve, et peut-être même déjà bien avant le mois de juillet. Moi-même, je les ai captés en juillet, parce que c'est au mois de juillet que j'avais commencé mes préparatifs pour me rendre à

New York au mois de septembre. Si je n'avais pas projeté de me rendre à New York à cette date-là, je n'aurais probablement pas rêvé de ces attentats. En effet, dans la très grande majorité des cas, nous rêvons des dangers qui nous menacent personnellement ou qui menacent les êtres que nous aimons et qui comptent pour nous d'une manière ou d'une autre. Heureusement que notre cerveau filtre les informations subconscientes, sinon, avec toute la misère qui existe encore dans notre monde, nos nuits ne seraient qu'une suite infinie de misérables cauchemars!

On voit, à travers cet exemple, qu'il est tout à fait possible d'être prévenus grâce à nos rêves de toutes sortes de dangers et pas seulement des catastrophes naturelles. Nous pouvons capter pendant notre sommeil (et pour les personnes très douées directement à l'état de veille) toutes sortes d'informations dont nous avons besoin. Il suffit pour cela d'apprendre à mieux utiliser votre faculté de rêver. C'est facile de le faire en utilisant la méthode d'observation des liens entre les rêves et la réalité que j'explique dans ce livre.

En faisant votre propre travail d'observation, vous pourrez vous aussi être prévenus en rêve des dangers qui vous menacent. Vous pourrez même comme cela m'est déjà arrivé être prévenu en rêve des intentions de malfaiteurs, par exemple de cambrioleurs et soit les déjouer si cela est possible, soit en limiter les dégâts.

Pour mettre toutes les chances de votre côté pour développer votre faculté de sentir les dangers de l'environnement, il convient cependant de respecter aussi quelques règles élémentaires d'hygiène de vie. La première d'entre elles consiste à dormir suffisamment. En effet, quand on ne dort pas assez, il est — presque toujours — extrêmement difficile de se souvenir des rêves. Il convient aussi d'éviter autant que possible:

—les excitants tels le café, l'alcool, le thé, la viande, etc.

—les drogues

—les médicaments du cerveau: antidépresseurs, tranquillisants, etc. qui ont souvent pour effet secondaire de perturber l'activité onirique et souvent de priver purement et simplement les malades de la mémoire de leurs rêves[18]

—les dîners trop copieux pris peu de temps avant d'aller dormir

—de trop regarder la télévision, de trop surfer sur Internet, de trop lire, ou de trop passer son temps à communiquer au téléphone ou autrement avec trop de monde. Dans ces cas, vos rêves ne seront que de la «digestion» d'informations télévisuelles, auditives, textuelles, etc. (souvent tout à fait inutiles) de la journée; et vous aurez les plus grandes difficultés à accéder à vos propres informations. Elles seront comme «noyées» dans le flot d'informations extérieures dont vous aurez surchargé votre cerveau et votre corps. Dans de telles conditions, la plupart du temps, vos rêves ne seront pas de vrais rêves venant du plus profond de vous-mêmes, mais juste un bric-à-brac mental fabriqué par votre cerveau conscient en train de faire une «indigestion» informationnelle. Malheureusement, à notre époque, c'est le lot de milliers de personnes qui s'endorment chaque soir après plusieurs heures

---

[18] L'acupuncture est très efficace contre la dépression et ne présente pas les effets secondaires des médicaments.

de télévision absorbées après une journée sans un instant de solitude. Il faut aussi savoir que les activités faites juste avant d'aller dormir programment le cerveau à rêver de certains thèmes.

Par ailleurs, dans les premiers temps de l'expérience, et afin d'en tirer de meilleurs résultats, l'idéal serait de dormir seul. En effet, les bulles d'information-énergie se mélangeant, il est très difficile si on ne peut dormir seul, de faire la part au début de l'expérience, entre ce qui nous appartient et ce qui ne nous appartient pas. Par exemple, une femme peut rêver régulièrement qu'elle est chauve et qu'elle est très poilue si elle dort avec un compagnon présentant ces caractéristiques. De même un homme peut rêver, parfois avec effroi, qu'il présente les caractéristiques féminines de sa compagne. Les sensations corporelles se communiquent fréquemment entre des dormeurs qui partagent un même espace de sommeil!

De ce fait, si vous effectuez un travail d'observation de vos rêves et de votre réalité en dormant avec quelqu'un et en ayant des rapports sexuels réguliers avec cette personne, il vous sera beaucoup plus difficile de bien connaître votre «terrain onirique», car votre sphère informationnelle sera mélangée avec celle de votre partenaire. De plus, dans les cas où le partenaire aurait été infidèle, il apportera, dans sa bulle d'énergie, des informations concernant l'autre personne avec laquelle il a eu des rapports et vous capterez vous aussi ces informations en dormant dans le même lit ou en ayant des rapports sexuels.

De ce fait, il est beaucoup plus facile de bien connaître son terrain onirique personnel en dormant seul au début de l'expérience. Ensuite, il sera plus facile de savoir ce qui au niveau informationnel et vibratoire vous appartient ou ne vous appartient pas. Si vous êtes habituellement célibataire, vous pourrez observer très facilement que lors de rapports sexuels avec une nouvelle personne, le contenu de vos rêves change beaucoup et que de l'information inhabituelle provenant de votre partenaire est entrée dans votre système informationnel. Vous pourrez aussi constater des variations au niveau de votre énergie et encore bien d'autres choses. Par exemple, un état de déprime, de tristesse ou d'angoisse à la suite immédiate d'un rapport sexuel même réussi, ou le lendemain de ce rapport indique la plupart du temps que l'échange énergétique avec votre partenaire vous a été défavorable.

Une expérience intéressante à faire, mais déconseillée aux personnes dépressives, consiste à s'isoler pendant quelques jours tout en jeûnant ou en mangeant légèrement et en prenant des bains. Après cette période d'isolement, on sera capable de ressentir beaucoup mieux la différence entre notre propre énergie et celle des personnes, animaux et lieux avec lesquels on sera à nouveau en contact.

Si vous souhaitez tirer parti de vos rêves pour être prévenu des dangers, une dernière chose est très importante à signaler: ne lisez pas de livres d'horreur et de violence; ne regardez pas de films violents et catastrophiques, évitez les informations télévisuelles dans la même gamme surtout le soir avant d'aller dormir. Tout cela influence votre cerveau, stimule l'apparition de rêves de fausses alertes de catastrophes et contribue fortement à vous priver de votre faculté naturelle de «rêver vrai».

En dernier lieu, je voudrais souligner combien il est important d'être calme. Plus nous sommes dans un état de calme, plus nous avons de chances de faire de vrais rêves qui viennent du plus profond de nous mêmes, et d'accéder à une meilleure communication avec notre corps et avec notre subconscience. Faites donc tout ce que vous pouvez pour éviter le stress ou pour vous relaxer si vous n'avez pas pu l'éviter. Prenez aussi l'habitude de prendre une tisane relaxante (de bonne qualité et sans pesticides) le soir: par exemple de la lavande, de la camomille, du tilleul, etc. Vous pouvez aussi diffuser des huiles essentielles apaisantes et dont vous appréciez l'odeur dans votre chambre.

En suivant tous ces conseils, vous apprendrez, de façon naturelle et sans aucun danger, le langage de vos rêves, vous saurez mieux communiquer avec votre corps et vous saurez aussi distinguer parmi vos rêves d'alertes ceux qui sont de vrais rêves d'alertes qui se rapportent à la réalité et ceux qui sont de simples cauchemars provoqués par des causes que vous aurez appris à déceler et dont je vais vous parler à présent pour vous faire gagner beaucoup de temps dans votre travail personnel.

CHAPITRE 6

QU'EST-CE QUI PROVOQUE LES FAUSSES ALERTES ONIRIQUES DE CATASTROPHES NATURELLES?

Nous avons parlé plus haut des tentatives qui avaient été faites en Angleterre, aux Etats unis et en Belgique d'utiliser les rêves de la population pour prévenir les habitants des risques environnementaux et sauver ainsi des vies. Nous avons vu que les bureaux d'enregistrement de rêves de catastrophes furent très vite submergés d'une grande quantité de rêves, dont presque tous en définitive (et bien heureusement) s'avérèrent n'être que de fausses alertes, de simples cauchemars. Au lieu de poursuivre sur leur lancée en essayant de comprendre pourquoi tant de rêves n'étaient que des rêves de fausse alerte, et de trouver une autre façon plus efficace de procéder, il fut hélas mis fin à ces expériences. A ma connaissance, on ne chercha pas à comprendre pourquoi la population dans son ensemble est si sujette aux cauchemars et comment cette situation pourrait être améliorée.

Je pense que c'était une excellente idée de créer des bureaux de veille onirique des catastrophes, mais que la façon de mettre en oeuvre cette veille vouait cette expérience à l'échec. En effet, à ma connaissance, il n'était tenu compte que des rêves, indépendamment des rêveurs, de leur hygiène de vie et des lieux où ils avaient rêvé, et des nombreuses causes provoquant la survenance de fausses alertes de catastrophes.

Dans un premier temps, il aurait été possible de procéder en recueillant beaucoup de rêves, ceci afin de détecter les personnes les plus capables de ressentir véritablement les catastrophes naturelles en cours, et aussi les personnes les moins enclines aux cauchemars. Dans un second temps, les bureaux d'enregistrement auraient pu décider de travailler prioritairement avec les personnes les plus capables. Ces personnes-là sont de nos jours de plus en plus rares, tandis que les personnes sujettes à des rêves de fausses alertes de catastrophes sont devenues de plus en plus nombreuses. Il n'est pas difficile de comprendre pourquoi. Dans les passages qui vont suivre, je vais vous expliquer comment à travers mes recherches j'ai pu comprendre ce qui déclenche la plupart des rêves de fausses alertes de catastrophes naturelles.

A travers les explications que je vais vous donner à présent sur les cauchemars (ou rêves de fausses alertes), vous pourrez comprendre quelles sont les conditions qui provoquent si souvent chez tant de personnes des rêves désastreux. Rêves, qui heureusement pour nous tous ne se produiront jamais ailleurs que dans leur propre psyché.

Les explications que je vous propose à présent sont tirées de ma longue expérience. Mais, bien évidemment, dans ce domaine il y a encore beaucoup à découvrir. Il est vrai aussi que malgré des conditions oniriques extrêmement mauvaises, certains rêveurs peuvent tout de même, exceptionnellement faire de véritables rêves qui peuvent leur sauver la vie en les prévenant de dangers qui les menacent. Dans de tels cas, il arrive souvent que les rêveurs pensent avoir bénéficié d'une intervention de type «divin», par exemple celle d'un ange gardien ou d'un être proche décédé.

Pour faciliter l'exposé, j'ai classé en quelques groupes les cauchemars de fausses alertes. Cette liste de cauchemars n'est pas exhaustive. J'ai laissé par exemple les cauchemars de type «chamanique» qui sont liés aux contacts oniriques avec des mondes «parallèles» et qui de nos jours, en Occident, dépassent les capacités d'entendement, et les possibilités d'expérience de l'homme «normal». L'être humain occidental moderne s'est tellement coupé de la nature et de son subconscient que j'ai même peut-être pris un risque en mentionnant ici ce type de rêve! Mais fermons donc cette parenthèse. Je vous parlerai donc maintenant: des cauchemars du corps, des cauchemars de l'esprit, et des cauchemars liés à l'énergie.

1) Les cauchemars de fausses alertes de catastrophes provoqués par le corps

Ces cauchemars sont de plus en plus nombreux à l'époque actuelle et ils ont principalement pour origine des perturbations du système digestif. Dans les civilisations anciennes, on pratiquait des techniques destinées à garder en bonne santé le système digestif. Il était en effet habituel de jeûner régulièrement et d'utiliser des moyens de nettoyage des intestins par l'eau. Grâce à ces mesures de prévention, les gens pouvaient mettre leur système digestif au repos, nettoyer leurs intestins et leur corps, et se débarrasser régulièrement de leurs toxines.

De nos jours, très rares sont les personnes qui jeûnent, et encore plus rares sont celles qui ont une bonne hygiène intestinale. En cas d'encombrement intestinal, presque tout le monde se contente désormais d'avaler quelques pilules laxatives sans jamais prendre la peine de se nettoyer vraiment correctement. Cet état de fait conjugué au stress de la vie moderne, à la sédentarité, à une alimentation dénaturée, fait qu'à partir d'un certain âge (et parfois très tôt pour certaines personnes), les intestins, se retrouvant tapissés d'une couche durcie de matières non évacuées, ne peuvent plus fonctionner correctement. La flore intestinale se retrouve alors déséquilibrée, donnant lieu à des fermentations, gaz, aérophagie et à de nombreux autres désagréments dans l'ensemble du corps. Si vous souhaitez en savoir plus sur l'hygiène intestinale, je vous invite à lire le livre *Témoignage sur les bienfaits de l'hygiène intestinale*,[19] écrit par Laure Goldbright, dans lequel elle explique comment pratiquer l'hygiène intestinale et les nombreux bénéfices que nous pouvons en tirer.

Si vous souhaitez mieux rêver, la propreté et la bonne marche de vos organes digestifs sont de première importance. Un système digestif perturbé provoque des cauchemars très vifs

---

[19] *Témoignage sur les Bienfaits de l'hygiène intestinale*, Laure Goldbright, Buenos Books International, Paris. Disponible aussi en version électronique.

parce que le corps exprime ainsi son extrême malaise dû à l'intoxication du sang, au ralentissement de la circulation sanguine, à la mauvaise oxygénation du sang, elle-même provoquée par une respiration entravée par la pression exercée par l'estomac et les intestins gonflés de gaz. Parfois même, il suffit d'une indigestion ponctuelle ou d'une intolérance alimentaire pour qu'un cauchemar de type digestif se déclenche. Tenir un carnet de rêves et de réalité dans lequel on note ce qu'on a mangé peut aider à comprendre quels sont les aliments qui ne conviennent pas à notre corps. Les aliments que le corps ne supporte pas, lui font souvent déclencher des cauchemars qui traduisent un malaise important et bien réel.

L'être humain a tellement perdu le contact avec la nature et avec son propre corps que bien souvent il ne sent pas à l'état de veille que son corps est perturbé, qu'un aliment, une boisson, un lieu ne conviennent pas du tout à son corps. Heureusement, dans beaucoup de cas, il y a encore les cauchemars pour tirer la sonnette d'alarme avant qu'il ne soit trop tard. Encore faut-il apprendre à en tenir compte sans en avoir peur.

Chez la plupart des personnes dont le système digestif est fortement encrassé et perturbé, j'ai observé qu'il y a soit un oubli total des rêves, soit une abondance de rêves et de cauchemars récurrents de catastrophes naturelles. Ces cauchemars peuvent survenir toutes les nuits, généralement vers la même heure. Ils s'accompagnent bien souvent d'alternance de frissons, et de petites bouffées de chaleur accompagnées de transpiration, et de difficulté à trouver le sommeil. Ils peuvent aussi au contraire s'accompagner de somnolence excessive avec une activité onirique débridée. Certaines personnes font des rêves récurrents de boucheries humaines, c'est-à-dire de rêves dans lesquels il y a beaucoup de sang, où des gens meurent dans le sang en raison de toutes sortes d'événements catastrophiques, chaque nuit différents. D'après la médecine chinoise, ce type de rêve serait dû à un dysfonctionnement de la rate énergétique.

D'autres personnes pourront avoir des rêves récurrents de catastrophes dans lesquels elles perdent leurs jambes ou bien où elles voient de nombreuses personnes avec les jambes coupées, bien souvent au niveau des genoux. Ce type de rêve d'après mes observations me semble dû au fait que la circulation sanguine dans les jambes est entravée «mécaniquement» par le ventre plein de gaz. (Dans la réalité: ces personnes ont les pieds presque toujours froids).

D'autres personnes encore rêvent régulièrement de catastrophes dans lesquelles elles perdent la vue, les bras, etc. L'encombrement du système digestif est une véritable catastrophe pour le corps, car non seulement il occasionne une entrave mécanique à la circulation sanguine et nerveuse, mais aussi une intoxication progressive du corps qui ne parvient plus à respirer correctement, à se nourrir correctement et à se débarrasser efficacement de ses déchets et de ses toxines. J'ai pu observer que des personnes souffrant d'acidité dans leur système digestif ont tendance à faire de terribles cauchemars de catastrophes nucléaires ou de guerres dans lesquelles les armes utilisées sont des armes chimiques du genre corrosif.

Malgré tous ces dérangements réels du corps, il existe des personnes si peu sensibles à elles-mêmes qu'elles supportent cet état en pensant être en bonne santé et en trouvant normal d'avoir un ventre et un estomac en permanence gonflés. A cause de l'état de leur ventre, elles sont comme anesthésiées. Elles vivent bien en dessous de leurs capacités vitales et parfois, elles ne se souviennent plus ni de leurs rêves, ni de leurs cauchemars. Evidemment, dans ce cas, il vaut bien mieux faire des cauchemars et se sentir mal dans son corps. Au moins, on est incité à faire quelque chose pour remédier à tous ces problèmes et retrouver sa santé et sa vitalité au lieu de vivre «au minimum vital», au ralenti. Eliminer ce genre de cauchemar, vous l'avez compris, est très facile. Il suffit dc faire (comme l'explique Laure Goldbright dans son livre cité plus haut), quelques irrigations coloniques, de jeûner et d'avoir une bonne hygiène alimentaire. Hélas, les laxatifs naturels ou allopathiques ne permettent pas de nettoyer les intestins. Ils ne font qu'empirer la situation.

A l'heure actuelle, les problèmes de la sphère digestive sont les déclencheurs les plus courants des cauchemars de fausses alertes de désastres. Ils touchent la majeure partie de la population adulte occidentale qui mange des aliments de plus en plus dénaturés et dans une atmosphère de plus en plus stressante. Il faut se rendre aussi à l'évidence que tout ce que nous mangeons est aussi chargé d'informations. Je vous laisse déduire l'effet que peut avoir sur votre système informationnel l'ingestion de viande d'animaux maltraités, et parfois tués dans d'horribles conditions.

Après cette cause majeure de cauchemars d'origine corporelle vient une autre cause assez courante et encore plus méconnue qui est due à une mauvaise position de l'atlas (la première vertèbre cervicale). D'après les recherches effectuées par René Schümperli, l'atlas serait en mauvaise position chez de très nombreuses personnes et en très mauvaise position chez celles qui ont subi un traumatisme. René Schümperli a aussi observé que les mères ayant un atlas déplacé donnent naissance à des enfants à l'atlas mal placé. Il est facile de comprendre en ouvrant un livre d'anatomie, qu'un atlas mal placé perturbe énormément le flux sanguin dans le cerveau ainsi que l'influx nerveux. Ce qui est susceptible de provoquer des cauchemars récurrents de catastrophes. Ce problème est cependant désormais très facile à régler grâce à l'invention de René Schümperli, qui permet de remettre l'atlas à sa juste position sans danger et sans douleur. Vous trouverez plus d'informations sur le site de cet inventeur et en lisant les livres qu'il a publiés.[20]

En plus de ces deux causes principales, tous les autres malaises corporels donnent souvent lieu à des rêves de catastrophes naturelles, de guerres, d'incendie, etc. Le corps utilise le langage de la nature pour se faire comprendre. D'ailleurs, comme il fait partie lui-même de la nature, il ne comprend et ne parle que ce langage.

---

[20] http://www.atlasprofilax.ch

A ce propos, je voudrais partager un rêve que j'ai eu une nuit et qui m'a beaucoup marquée. Dans ce rêve je me retrouvais face à un magnifique tigre et je posais cette question: «Mais, qu'est-ce qu'un tigre?» Je reçus dans le rêve cette réponse assez inattendue: «Un tigre est un cosmos, et chaque cellule de son corps est une étoile». J'en déduis que tout organisme vivant est un cosmos comme le tigre de mon rêve. Quand on fait un travail d'observation des connexions entre nos rêves et notre réalité, on s'aperçoit que notre corps aussi est un cosmos, c'est tout un monde intérieur avec ses paysages, ses cours d'eau, ses montagnes, ses habitants, ses intempéries et ses catastrophes naturelles qu'il est possible de voir dans l'état de rêve. Les perturbations de notre corps déclenchent souvent des cauchemars qui nous montrent des catastrophes naturelles «grandeur nature».

De tels rêves, aussi impressionnants et imagés soient-ils n'annoncent pas de catastrophes dans notre environnement extérieur. Cependant, en réalité, «des catastrophes» (des désordres) ont réellement eu lieu à l'intérieur de notre propre univers corporel.

Par exemple, à un moment de ma vie j'ai commencé à rêver que j'escaladais avec peine dans les rues d'une ville des monts de sable de plusieurs mètres qui avaient envahi les lieux. Ce rêve se répétait chaque nuit. Annonçait-il une tempête de sable à Paris? Non! En me présentant cette ville plus que réelle avec ses rues, ses voitures, ses habitants, mon corps me montrait qu'il me fallait arrêter le supplément de silicium que j'étais en train de prendre depuis quelque temps et qui ne lui convenait pas. Il ne s'agissait donc pas d'un rêve récurrent annonçant une catastrophe naturelle, mais d'un rêve récurrent me signalant un désordre dans mon corps sous forme de montagnes de sable bouchant les «artères» d'une ville. Le sable en effet contient du silicium et il m'a suffi d'arrêter de prendre ce supplément pour voir disparaître ce rêve devenu récurrent et pour éviter certainement des problèmes de santé.

Dans le même ordre de phénomènes, la fièvre, par exemple, peut provoquer des cauchemars mettant en scène de terribles sécheresses entraînant des désertifications et la mort de milliers de personnes (qui en fait représentent souvent des cellules). Des inflammations peuvent mettre en scène onirique de terribles incendies. Des problèmes de reins peuvent provoquer des rêves d'inondations catastrophiques et incontrôlables.[21] Des problèmes liés au sang à sa composition et à sa circulation peuvent donner lieu à des rêves mettant en scène des cours d'eau, tels des fleuves, et des rivières dans lesquels des personnages qui nagent sont trop gros (souvent une indication de cholestérol) ou des embarcations connaissent quelques problèmes de navigation. Il arrive aussi que l'eau de ces rivières et de ces fleuves soit sale ce qui est souvent une indication d'intoxication. Dans notre corps qui lutte parfois contre des microbes envahisseurs, il se passe aussi de terribles guerres que nous pouvons voir en rêve souvent sans grandes émotions.

Quand nous nous trouvons dans un environnement donné, notre mental regarde avec les yeux, sent avec le nez, entend avec les oreilles, mais le corps, lui perçoit toutes sortes d'autres informations à travers toute sa surface. La façon dont le corps perçoit comme «en aveugle» l'environnement extérieur, et tout ce qu'on lui fait peut aussi provoquer certains cauchemars de catastrophes naturelles. Par exemple, grâce à son carnet l'un de mes élèves a

---

[21] Ou aussi de débordements incontrôlables de lavabos, baignoires machines à laver dans la maison, robinets etc.

pu observer que ses séances d'électroacupuncture déclenchaient chez lui des rêves de tremblement de terre. L'électroacupuncture déclenche aussi chez moi ce type de rêve. Comme je n'ai jamais eu l'expérience dans la réalité d'un tremblement de terre et de ce qu'on peut ressentir dans les jambes à ce moment-là, je fais la supposition que mon corps a reçu dans son héritage informationnel la mémoire de l'expérience de mes ancêtres (proches et plus lointains) qui ont presque tous vécu dans le sud de l'Italie, une région sujette à ce type de catastrophes naturelles. Il semble que nous arrivions au monde avec une mémoire déjà installée dans notre corps (ou dans notre esprit?) et qui nous permet de bénéficier de certaines expériences de nos ancêtres, mais aussi, hélas, de continuer à souffrir d'informations et d'émotions traumatisantes vécues par eux.

La psychanalyse moderne s'est penchée sur cette question et a prouvé qu'il existe une transmission transgénérationnelle de certains traumatismes.

Anne Ancelin Schützenberger, psychothérapeute et groupe-analyste a pu vérifier à travers sa pratique professionnelle l'existence d'une sorte d'hérédité psychologique que Freud qu'elle cite[22] en ces termes appelait "l'hérédité archaïque":

"L'hérédité archaïque de l'homme ne comporte pas que des prédispositions, mais aussi des contenus idéatifs des traces mnésiques qu'ont laissées les expériences faites par les générations antérieures" (FREUD Sigmund, *Moïse et le monothéisme*, 1939, Gallimard, Poche, Collection Idées, 1948, p. 134).

Dans un ouvrage très intéressant intitulé *Aïe mes aïeux!* Anne Ancelin Schützenberger, donne de nombreux exemples tirés de son expérience qui démontrent l'existence de liens psychologiques transgénérationnels. Pour ce qui concerne les cauchemars, de nombreux exemples sont cités et concernent les descendants de personnes ayant subi des événements traumatisants, que ces événements aient été ou non consciemment connus des personnes qui font ces cauchemars. Elle écrit : [23]

> "On constate en clinique la transmission transgénérationnelle de traumatismes graves non parlés

---

[22] Ancelin Schützenberger Anne, *Aïe mes aïeux!*, Paris, Desclée de Brouwer, 1999, p. 15.

[23] Ancelin Schützenberger Anne, *op. ci.*, p. 64.

—ou dont le deuil n'a pas été fait— comme des traumatismes de guerre (gaz, noyades ou quasi-noyades, tortures, viols blessant un parent ou son frère ou un camarade de guerre).

Rien de ce que nous connaissons au point de vue psychologique, physiologique ou neurologique ne permet de comprendre comment quelque chose peut tracasser des générations de la même famille."

La solution qu'elle propose dans le cas de tels cauchemars est une psychothérapie qui consiste à rechercher ce qui s'est passé dans l'histoire familiale à rendre le problème conscient de manière à pouvoir le traiter comme il se doit, par le pardon ou par l'oubli, afin d'en éviter les désagréments pour les générations futures.[24] Mais il est aussi possible de régler ce problème autrement en agissant sur les rêves.

---

[24] Aïe, mes aïeux!: Liens transgénérationnels, secrets de famille, syndrome d'anniversaire, transmission des traumatismes et pratique du génosociogramme, Editions Desclée de Brouwer, 1998, Anne Ancelin Schützenberger

Une de mes élèves faisait régulièrement des rêves de raz de marée dans lesquels elle mourait noyée. Ce qui l'angoissait beaucoup étant donné qu'elle vivait auprès de la mer. Son carnet de rêve a fait ressortir que ces rêves se déclenchaient surtout après des irrigations coloniques. Son corps interprétait la sensation de plénitude d'eau dans le ventre comme une noyade. Nous avons fait quelques recherches et appris que quelqu'un parmi ses ancêtres qui étaient marins était mort en mer. Dans ce cas, l'information semble s'être transmise aux générations suivantes. Cette personne avait donc quelque part (dans son capital génétique? dans son hérédité psychique?) la mémoire de la sensation corporelle provoquée par une noyade. Cette mémoire s'est manifestée dans un rêve suite à la sensation corporelle d'un «trop d'eau».

Comme vous pouvez le constater à travers ces quelques exemples, savoir ce qui s'est passé dans la réalité d'une personne et même parfois dans la réalité de ses ancêtres et de ses proches est primordial pour comprendre si ses cauchemars sont ou non des rêves prémonitoires.

Un jour, dans la salle d'attente de mon médecin, un patient m'a confié ses rêves récurrents d'accidents de voiture auxquels il échappait chaque fois de justesse. Intuitivement, j'ai senti qu'il répétait un traumatisme familial et je lui ai demandé si des personnes étaient décédées dans ces circonstances dans sa famille. Il se trouve que plusieurs de ses proches étaient morts dans des accidents de voiture. Je l'ai encouragé à faire un travail personnel pour se libérer de ces désagréables cauchemars et aussi pour désamorcer ce danger dans l'état de rêve.

Il existe aussi, comme nous le verrons à présent, des cauchemars provoqués par des souffrances psychiques qui ne sont pas dues à des traumatismes ou à des héritages psychiques, mais reflètent les conflits intérieurs des rêveurs.

2) Les cauchemars de catastrophes naturelles provoqués par l'esprit

Ici, nous entrons sur le terrain privilégié des cauchemars de catastrophes (naturelles ou non) impliquant des accidents de moyens de transport (voitures, autobus, avions, trains, motos, bateaux, vélos et même monocycles!), des accidents liés à l'eau (raz-de-marée, fuites et débordements en tous genres, crues des rivières, etc.), des destructions liées au vent, des guerres, des catastrophes liées à la terre (tremblements de terre, éruptions volcaniques, glissements de terrain). Tous ces types de rêves mettent fréquemment au premier plan des dégâts occasionnés à la maison du rêveur ou à des parties seulement de cette maison. J'ai appelé cette partie «cauchemars de l'esprit», mais j'aurais pu aussi dire «cauchemars psychologiques» ou «cauchemars de la psyché» peu importe!

Ce qu'il faut retenir c'est que le mal-être psychologique a tendance à provoquer des cauchemars de catastrophes naturelles très frappants et extrêmement perturbateurs.

On peut y mettre fin en trouvant ou retrouvant, seul ou avec une aide extérieure, un équilibre psychologique perdu pour de multiples raisons. Tenir un cahier de rêves et de réalité peut aussi vous aider dans ce sens. Mais il est parfois aussi nécessaire d'entreprendre quelques changements dans notre vie pour lesquels il faut souvent du courage: par exemple, quitter la sécurité matérielle d'un métier qui ne nous convient pas pour un autre qui nous conviendrait beaucoup mieux, ou bien mettre fin à une relation affective qui ne nous convient pas, ou encore quitter un lieu ou un pays dans lequel vous ne vous sentez pas bien.

Tenir un carnet de rêves et de réalité permet de bien connaître son propre terrain psychologique, et d'aider à prendre les mesures dans la vie réelle pour accélérer la guérison de la psyché. Ceci peut se faire en accompagnement d'une autre thérapie qui n'en sera que plus efficace.

Lorsque vous connaîtrez votre «terrain psychologique» et le genre de cauchemars récurrents qu'il induit, vous saurez reconnaître ces cauchemars de catastrophes qui ne sont que la mise en scène imagée d'un «cauchemar intérieur de nature psychologique» et les distinguer des véritables rêves d'alertes. Les rêves d'alerte sont souvent marqués par un grand calme émotionnel, tandis que les cauchemars de type psychologique sont souvent marqués par des émotions intenses et des conflits. Voici quelque exemple de rêves de catastrophes liés à des problèmes psychologiques:

Accident et défiguration:

Une personne rêvait régulièrement d'accidents de voiture dans lesquels elle se retrouvait complètement défigurée. Grâce à son carnet de rêve et de réalité, nous avons pu comprendre que cette personne souffrait en réalité de ne pas être à sa vraie place dans la société. Qu'elle jouait un 'rôle', voulu par son milieu familial en exerçant une activité professionnelle qui ne lui convenait pas du tout. Elle n'était plus du tout elle-même. Son milieu familial l'avait psychologiquement «défigurée». Admettre cette souffrance psychologique, lui permit de prendre des mesures pour vivre une vie plus conforme à ses réels besoins, ses cauchemars disparurent et sa santé s'améliora.

Raz de marée et noyade:

Une autre personne rêvait qu'elle était emportée dans un gigantesque raz-de-marée avant que ne se déclenche dans sa réalité une période d'intense remise en question, de doute et de mal-être.

Accident d'avion:

Une personne très diplômée, passionnée par son métier, mais restée au chômage pendant des années, car ne trouvant pas d'emploi correspondant à ses compétences, finit par accepter un emploi très en dessous de ses compétences et qui n'avait rien à voir avec ses études et son milieu social. Un peu avant d'accepter cet emploi elle eut des cauchemars très éprouvants dans lesquels elle se voyait pilotant seule un avion qui s'écrasait brusquement au sol, la laissant sans vie. Il s'agissait dans ce cas, non de rêves prémonitoires, mais de rêves indiquant que sa psyché était en souffrance. Cette personne était en quelque sorte, «tombée de très haut» par rapport à ses aspirations professionnelles et ses rêves traduisaient de façon symbolique l'intensité de sa souffrance psychologique.

Un soudain ébranlement des certitudes, façons de penser et habitudes d'une personne peut déclencher des rêves de tremblements de terre ou être annoncé avant sa survenance par de tels rêves.

Je ne vais pas m'appesantir sur ce type de cauchemars, car il est très facile d'en trouver des exemples partout dans les livres de psychologie. Ce sont les types de cauchemars qui ont été (et qui sont toujours) les plus étudiés par les psychothérapeutes. D'ailleurs, nous avons tendance à l'heure actuelle à attribuer trop souvent les cauchemars à des causes psychologiques, alors que les cauchemars psychologiques ne sont pas, pour la plupart d'entre nous, les cauchemars les plus courants.

Une troisième cause de cauchemars souvent attribués à tort à des problèmes psychologiques provient de l'environnement énergétique du dormeur.

3) Les cauchemars de fausses alertes de catastrophes naturelles liés aux perturbations énergétiques dans l'environnement du dormeur:

En plus d'avoir une dimension matérielle, notre corps a aussi une dimension énergétique. Des courants d'énergie le traversent et il est en échange énergétique permanent avec son environnement naturel et avec les êtres vivants qui l'entourent: êtres humains, animaux et mêmes plantes. La Terre présente aussi une dimension énergétique. Tout comme des méridiens d'énergie parcourent notre corps, la Terre possède un réseau énergétique appelé par les géobiologues le réseau Hartmann. Certains points de croisement de lignes d'énergie tellurique peuvent être très bénéfiques aux personnes qui y séjournent et recharger leur organisme d'énergie. Tandis que d'autres peuvent tout simplement tuer si on s'y expose chaque jour ou chaque nuit pendant des années.

Nous avons presque tous perdu toute sensibilité consciente à ces perturbations énergétiques et beaucoup sont ceux qui imaginent que tout cela n'est que de la bêtise. Pourtant, même si nous n'y croyons pas, notre corps continue de ressentir ces énergies et il utilise le plus souvent nos rêves et dans les cas les plus graves les cauchemars, pour nous avertir que quelque chose ne se passe pas bien pour lui au plan énergétique. En faisant un travail d'observation des connexions entre les rêves et la réalité, on observera rapidement que l'un des objectifs principaux des rêves est la préservation de l'énergie, c'est-à-dire la vitalité, la croissance: la vie. Certains animaux domestiques ont gardé intacte cette sensibilité aux énergies des lieux. Les chats, par exemple sont réputés aimer s'installer sur des points d'énergies nocives pour l'homme, mais pas pour eux. Ils auraient même la faculté de transformer ces énergies nocives.

Dans les anciennes civilisations, le fonctionnement de ces réseaux d'énergies telluriques et cosmiques semble avoir été connu beaucoup mieux qu'à l'époque moderne. Les temples, les habitations et les autres édifices étaient construits en tenant compte des données énergétiques du terrain. Les lieux de culte étaient choisis avant tout parce qu'ils étaient des lieux énergétiquement «spéciaux» d'un point de vue tellurique et cosmique. En raison de cette spécificité énergétique, il est souvent arrivé au cours de l'histoire que les croyances religieuses, les dieux et les rites changeaient, mais que les lieux de cultes restaient les mêmes.

A l'époque moderne, il ne viendrait pas à l'esprit de la plupart des architectes occidentaux contemporains qui ignorent souvent tout du dense réseau énergétique de la terre et de ses effets sur les êtres vivants, de tester la réalité énergétique des lieux tant tellurique que cosmique avant de construire des édifices. D'ailleurs, quand bien même ils le souhaiteraient, il semble que les connaissances utilisées pour sélectionner les lieux de cultes et y construire des temples se soient perdues.

Les temples de l'ancienne Grèce, de la Rome antique et de l'ancienne Egypte furent construits sur de hauts lieux énergétiques, tout comme d'autres anciens sites spirituels de par le monde. Ce n'est vraiment pas un hasard, si aujourd'hui encore, leurs vestiges sont comme des «aimants» qui attirent à eux des foules qui continuent de s'y recharger sans le savoir. Que les personnes qui composent ces foules croient ou non en Dieu ou en l'existence d'énergies telluriques, leur corps lui apprécie de pouvoir bénéficier de ces lieux. Quand leurs propriétés énergétiques sont encore intactes, ce sont des endroits très attirants où l'on se sent très bien, joyeux et en paix, car on s'y recharge. Toutes ces émotions positives sont en effet provoquées principalement par la plénitude énergétique que ressent le corps dans des lieux où il peut se recharger d'une énergie d'excellente qualité.

En Occident, dans les milieux *«New Age»*, l'art chinois du Feng Shui est désormais à la mode. Cet art aide à gérer et canaliser les énergies des bâtiments pour le bien-être et la prospérité des personnes qui y vivent et y travaillent. En France, des géobiologistes proposent le même genre de services qui sont appelés dans ce cas non pas Feng Shui mais «harmonisation énergétique» ou «rééquilibrage» énergétique.

Bien que ces pratiques encore connues de nos jours puissent apporter une réelle amélioration à la vie des personnes qui en bénéficient, elles me semblent pourtant n'être plus que des «miettes» de connaissances beaucoup plus approfondies qui furent utilisées par exemple par la Chine antique ou par les prêtres de l'ancienne Egypte.

Même s'il n'est plus possible, à ma connaissance, d'agir avec l'efficacité des anciens Egyptiens pour bâtir des édifices à haut pouvoir énergétique ou pour accumuler de l'énergie dans certains lieux et dans certains objets; il est toujours possible à n'importe quelle personne qui s'en donne la peine de dévclopper sa capacité naturelle à ressentir la qualité énergétique des lieux dans lesquels elle évolue. Cela, aucune guerre, aucun cataclysme, aucune rétention d'informations ne pourront nous l'enlever, car il s'agit d'une faculté naturelle que nous avons tous et qu'il est facile de développer en appliquant la méthode très simple expliquée dans ce livre.

Apparemment, il semble que dans l'ancienne Rome, cette capacité humaine s'était déjà fortement émoussée puisque nous savons que les anciens Romains utilisaient la sensibilité des animaux pour tester la qualité énergétique des lieux où ils souhaitaient construire. On sait, par exemple, que les anciens Romains laissaient vivre pendant un an des oies sur les terrains sur lesquels ils avaient l'intention de construire un édifice.

Ensuite, ces oies étaient tuées et en fonction de l'état de leurs viscères, les anciens Romains décidaient ou non de construire sur le terrain où ces oies avaient vécu.

Nous sommes tous, sans exception, affectés par la qualité énergétique des lieux dans lesquels nous vivons, ce, quelle que soit notre sensibilité consciente à la qualité énergétique de notre environnement. En d'autres termes, même si nous n'y croyons pas et même si nous ne percevons consciemment rien de l'aspect énergétique de l'existence, cela n'empêche pas notre corps d'être perturbé ou bien stimulé dans son fonctionnement énergétique selon les lieux où nous séjournons. Des personnes peuvent tomber malades et parfois mourir à cause d'une exposition répétée à des énergies contraires à la vie: par exemple dans leur chambre à coucher, ou dans le lieu où ils travaillent. A Paris, l'atmosphère énergétique de certains grands magasins est tout à fait néfaste pour la santé physique et psychologique des vendeurs. Elle incite aussi les clients suffisamment sensibles à ne pas s'y attarder, ou comme moi, à ne pas y aller du tout s'il est possible de me procurer sur Internet ce qui s'y vend. Ce sont des lieux particulièrement épuisants et nocifs et pourtant il y a plein de gens qui aiment y passer du temps et ne ressentent pas du tout d'inconfort!

De par mes recherches, j'ai pu observer que de nombreux rêves de catastrophes naturelles (qui ne se produisent jamais dans la réalité) sont tout simplement provoqués par des perturbations énergétiques dans la chambre du rêveur. De ce fait, si vous êtes sujet à des cauchemars récurrents, il convient avant tout de vérifier s'ils sont provoqués par des perturbations énergétiques dans votre chambre. Vous pouvez à cet effet, soit faire à appel à un spécialiste qui viendra avec des instruments de détection, soit demander à quelqu'un de votre entourage, (qui comme moi et de nombreuses autres personnes) ressent encore tout cela naturellement à l'état de veille avec son corps, de vous aider. Vous pouvez aussi vous débrouiller seul par tâtonnements en changeant la position de votre lit, ou en allant dormir dans une autre chambre et en comparant à chaque changement la qualité de votre sommeil, jusqu'à ce que vous récupériez un sommeil réparateur et sans cauchemars.

J'ai pu observer que lorsqu'il y a une perturbation énergétique dans le lieu où une personne dort, celle-ci peut s'y coucher très fatiguée, prête à s'endormir, mais ne pas réussir à s'endormir malgré sa fatigue. Il me semble que cela est dû au fait que son corps perturbé par la mauvaise qualité énergétique de son environnement reste tendu et ne parvient pas à atteindre le relâchement musculaire nécessaire à l'endormissement. Dans de tels cas, il a parfois suffi à des personnes se croyant devenues «insomniaques» à la suite par exemple d'un déménagement de changer simplement la position du lit pour s'endormir normalement et retrouver un sommeil paisible et réparateur.

Il arrive souvent qu'en partant en vacances à la montagne pour se reposer des personnes en reviennent encore plus fatiguées parce qu'elles n'ont pu y dormir correctement. Souvent, cela est tout simplement dû au fait que leur lit était mal orienté par rapport aux cours d'eau qui étaient à proximité de l'endroit où elles ont essayé de dormir. Il faut pour bien dormir à la montagne que le lit soit placé dans le sens de l'écoulement naturel de l'eau des torrents. Si l'on prend cette précaution, dormir près d'un torrent impétueux ou d'une rivière est agréable, réparateur et bénéfique, au lieu de provoquer des insomnies. Il suffit à ces personnes devenues insomniaques le temps de leurs vacances à la montagne de retourner chez elles pour retrouver un sommeil normal.

A l'inverse, pour d'autres personnes, les insomnies ou un sommeil peu réparateur et peuplé de cauchemars récurrents cessent systématiquement sans raison apparente dès qu'elles sont en voyage. Dans de tels cas, il y a de fortes probabilités que la cause des cauchemars et des insomnies se trouve dans la chambre habituelle du dormeur. Il suffit alors parfois de modifier l'orientation du lit et des meubles, de retirer les miroirs (ou de les couvrir avant d'aller dormir, si vous ne pouvez les retirer), de supprimer les objets métalliques, et électriques qui sont près du lit (voire même dans le lit) pour que ces personnes retrouvent en dormant chez elles un sommeil paisible et une meilleure santé.

J'ai observé que lorsque le corps est perturbé énergétiquement pendant le sommeil, il déclenche souvent des cauchemars récurrents qui peuvent durer plusieurs mois, voire des années. Puis, souvent ces cauchemars s'arrêtent, bien que le sommeil devienne de moins en moins réparateur et que la période d'endormissement soit de plus en plus longue et difficile, conduisant parfois à la prise de somnifères ou tranquillisants. Au bout d'un certain temps, variable d'une personne à l'autre, une maladie peut s'installer. Elle devient tout aussi chronique qu'inexplicable d'un point de vue médical, et conduit parfois à la mort. Il existe, par exemple, des immeubles énergétiquement «insalubres» dans lesquels la plupart des habitants meurent inexplicablement des mêmes types de pathologies qui affectent aussi leurs animaux domestiques. Michel Moine et Jean-Louis Degaudenzi en donnent un exemple frappant dans leur manuel de géobiologie, il s'agissait d'un immeuble parisien, rue Blanche à Paris, où tous les habitants dont certains sont morts étaient affectés par les ondes nocives des lieux, avant qu'on en découvre la cause et qu'on y remédie. [25]

Les appareils électriques tels réveils, téléphones mobiles, télévision, ordinateurs et les prises électriques, à proximité de notre corps perturbent aussi son énergie bien que très peu de personnes soient encore capables de ressentir une gêne ou un malaise à l'état de veille.

Bien que les perturbations énergétiques qui gênent le corps ne soient plus perçues consciemment à l'état de veille, nous sommes encore nombreux à être prévenus par notre corps du fait qu'il subit des perturbations énergétiques. Il nous fabrique à cet effet des rêves de catastrophes naturelles, ou d'agressions pour attirer l'attention de l'esprit conscient sur la nécessité de faire quelque chose pour préserver l'intégrité énergétique du corps.

---

[25] *Manual de Energias Teluricas, Experimentos Energéticos Par Vivir Mejor*, Michel Moine y Jean-Louis Degaudenzi, p. 51. Titre de l'édition française : *Guide de Géobiologie*, Editions Christian de Bartillat, 1993

Il faut éviter absolument d'avoir toutes sortes d'appareils électriques auprès de votre lit. Si vous ne pouvez faire autrement, débranchez les télévisions et ordinateurs avant d'aller dormir et couvrez leurs écrans d'un morceau de tissu, car les surfaces qui réfléchissent la lumière en direction du dormeur perturbent le sommeil et les rêves.

Personnellement, je suis trop sensible à mon environnement énergétique pour pouvoir m'endormir avec un appareil électrique quel qu'il soit sur ma table de chevet ou à proximité de mon lit! De même, par expérience vous pourrez constater vous-mêmes qu'il faut éviter les parties métalliques dans votre lit (par exemple les matelas à ressorts!); la présence de miroirs dans votre chambre à coucher; et d'autres choses encore que vous pourrez déceler en testant la qualité de votre sommeil pendant votre travail d'observation de vos rêves et de votre réalité.

Une personne qui se plaignait de rêves récurrents dans lesquels elle était attaquée par des chauves-souris qui lui piquaient tout le corps, a simplement fait disparaître ces cauchemars en suivant mon conseil de retirer un appareil électrique défectueux qui était placé sur sa table de nuit, auprès de sa tête et qui perturbait gravement son énergie, sans qu'elle n'en ait eu aucune conscience à l'état de veille.

Pourvu qu'on ait réussi à en déterminer la cause concrète, comme on le voit, ce genre de cauchemar est l'un des plus faciles à éliminer. Il suffit soit d'aller dormir ailleurs, soit de changer la position du lit, soit de faire appel à des spécialistes compétents pour améliorer la qualité énergétique des lieux. Les catastrophes montrées par ce genre de cauchemar ne sont pas des événements qui vont se dérouler effectivement dans le monde réel, mais des avertissements de catastrophes qui ne manqueront pas d'arriver au niveau de la santé du dormeur s'il ne prend pas les mesures qui s'imposent pour remédier à ces perturbations énergétiques qui affectent son corps pendant son sommeil.

En tenant un journal de rêve et de réalité, de la façon dont je l'explique dans ce livre, vous pourrez déceler avant qu'il ne soit trop tard pour votre santé et celle de vos proches, les dangers pour votre santé émanant de votre environnement énergétique. Les bébés qui sont beaucoup plus sensibles à leur environnement énergétique que la plupart des adultes peuvent pleurer beaucoup et être constamment malades à cause de l'endroit où on les fait dormir. Il suffit souvent de changer leur berceau de place pour qu'ils se sentent mieux et arrêtent de pleurer pendant la nuit. Il arrive aussi que de jeunes enfants soient pris d'angoisses dans leurs chambres à cause de perturbations énergétiques et veuillent régulièrement se réfugier dans la chambre de leurs parents. Parfois c'est uniquement l'énergie nocive de certains lieux qui rend leurs habitants angoissés et nerveux et qui les conduit à consommer de nombreux médicaments alors qu'il leur suffirait de prendre conscience de la nocivité énergétique de l'endroit où ils vivent et d'y remédier.

Faire le travail que je propose sur les rêves permet aussi de développer la sensibilité à l'énergie des lieux directement à l'état de veille parce que le corps et la conscience diurne ont rétabli le dialogue. C'est très pratique de déceler directement avec votre corps les lieux qui ne vous conviennent pas, vous pouvez ainsi les fuir immédiatement au lieu de vous y épuiser inutilement. Il existe des lieux à la fois esthétiquement magnifiques et énergétiquement catastrophiques. Pour ma part, la qualité énergétique des lieux prime toujours dans mes choix sur l'aspect matériel des lieux. L'idéal étant de vivre dans un environnement à la fois matériellement beau et confortable, et énergétiquement sain et vivifiant.

Dormir dans certains lieux peut provoquer des cauchemars qui sont dus aux émotions des personnes ou des animaux qui ont vécu là auparavant. De tels cauchemars sont des récupérations d'informations du passé, ils ne se rapportent ni au rêveur ni à un événement en préparation dans la réalité. Ces cauchemars catastrophiques sont simplement fabriqués par le cerveau à partir des informations de type énergétique/émotionnel/informationnel captées par l'ensemble du corps. Ce n'est pas un hasard, si dans les anciennes civilisations il existait de nombreux rituels de purification des lieux. Les gens étaient au courant de cet aspect de la vie. On évitera de dormir par exemple, dans des immeubles construits sur d'anciens abattoirs, dans des logements où ont eu lieu des crimes et autres actes de violence, sur d'anciens champs de bataille, etc. Et si on ne peut faire autrement, on fera intervenir un spécialiste compétent pour tenter de purifier ces lieux.

Pour terminer avec les cauchemars de fausses alertes de catastrophes, je vais vous parler des cauchemars post-traumatiques et des cauchemars traumatiques transgénérationnels.

4) Les cauchemars post-traumatiques et les cauchemars traumatiques transgénérationnels:

Les personnes traumatisées par des catastrophes naturelles réellement vécues peuvent répéter pendant un certain temps en rêve ces scènes qui les ont traumatisées. Ensuite, cela s'estompe, pour réapparaître parfois lorsqu'un événement dans le vécu, ou simplement un état de stress vient réactiver cette «douloureuse» mémoire. Dans un tel cas, évidemment, les rêves de catastrophes seront presque toujours de fausses alertes.

Ce genre de cauchemar récurrent est, hélas, beaucoup plus difficile à éliminer que les autres types de cauchemars de fausses alertes et ils peuvent même se transmettre de génération en génération. Ainsi, les descendants lointains peuvent répéter dans des rêves récurrents des scènes traumatiques de guerres, de catastrophes naturelles ou d'accidents qu'ils n'ont pas vécus directement, mais dont la mémoire leur a été transmise, par leurs ancêtres proches ou lointains. En cas de cauchemars récurrents de catastrophes, si ceux-ci ne sont ni déclenchés par des problèmes de santé, ni par des perturbations énergétiques dans l'environnement du dormeur, ni par un malaise psychologique, il faut alors rechercher du côté des ancêtres. Si la personne qui fait ces cauchemars dort avec quelqu'un d'autre de façon habituelle, il faut aussi rechercher du côté des ancêtres de cette personne qui partage le même lit.

En effet, à travers l'observation des mes rêves et de ma réalité, et en observant aussi de nombreuses personnes, j'ai pu comprendre que dans un couple, il y a un intense échange informationnel dû à la proximité des corps dans un même lit pendant la nuit, et aussi aux rapports sexuels qui mélangent les énergies. Il peut parfois arriver que ce soit la personne la plus sensible dans le couple (le plus souvent la femme) qui «fasse les cauchemars» transgénérationnels à la place de son compagnon. De même dans une famille, en raison de la vie commune, et des liens de sang, il existe un intense échange d'informations entre tous les membres. D'où l'intérêt d'écouter les rêves de tous les membres de la famille, et aussi d'observer nos animaux domestiques qui bien qu'ils ne parlent pas notre langue peuvent aussi nous communiquer à leur façon des informations qui peuvent nous sauver la vie.

Lorsque la cause transgénérationnelle des cauchemars est déterminée, on peut agir directement dans le rêve pour aller régler à la source ce type de traumatisme. Des psychologues s'intéressent aussi à cette question, et nombreux sont ceux qui de par le monde se sont penchés sur la question de la transmission transgénérationnelle des traumatismes psychologiques. Il est facile de les trouver sur Internet, mais il est tout à fait possible de se débrouiller seul en faisant un travail personnel sur les rêves. Par ailleurs, d'autres techniques telles l'hypnose ou le chamanisme peuvent parfois s'avérer très efficaces pour se libérer d'un traumatisme transgénérationnel. Si vous décidez de vous débrouiller seul, vous verrez que le simple fait de vous intéresser à vos rêves, d'observer leurs liens avec votre réalité et de laisser affleurer les émotions des rêves à votre conscience diurne vous aidera à mieux comprendre qui vous êtes et à guérir votre psyché en retrouvant le vrai chemin que vous auriez dû suivre dans votre vie et votre vraie personnalité.

Nous avons à présent terminé avec l'exposé des rêves de fausses alertes et de leurs causes. Un autre élément qui se combine à toutes les catégories de cauchemars (ceux dont j'ai parlé et tous les autres) et qui les aggrave et contribue à leur déclenchement est le stress sous toutes ses formes.

Par exemple, un ami m'a confié un jour avec une grande angoisse que sa femme s'était mise à rêver chaque nuit depuis quelque temps que leurs deux enfants mouraient. Ils étaient tantôt renversés par une voiture, enlevés et tués, écrasés dans un accident d'ascenseur, atteints d'une maladie mortelle, etc. Bref, sa femme voyait chaque nuit ses deux enfants mourir et ces épouvantables rêves la réveillait pleine d'effroi. En fait, il s'est avéré d'après le contexte, que ce n'étaient que des rêves de stress. La rêveuse était en train de changer de poste et elle allait devoir prendre de nouvelles responsabilités qui la stressaient beaucoup. Comme cette maman était aussi très naturellement préoccupée par ses jeunes enfants, son stress s'est transformé dans ses rêves en agressions ou accidents concernant ses enfants. C'étaient donc des rêves de fausses alertes de dangers provoqués par une situation extrêmement stressante dans la réalité. Le stress se porte souvent dans les rêves sur ce à quoi nous tenons le plus émotionnellement où sur nos failles et nos peurs habituelles. Par exemple, un voleur sans scrupules à l'état de veille pourra rêver que la police l'arrête quand il s'endort en état de stress, un avare pourra rêver qu'on lui dérobe son argent, etc.

Evitons donc le stress à tout prix. Evitons les excitants et apprenons à nous relaxer. Nous éviterons ainsi de déclencher des cauchemars, ceux dont j'ai parlé ci-dessus et tous les autres types de cauchemars qui sans mettre en scène des catastrophes perturbent le sommeil.

Vous aurez donc compris, à la lecture de ce chapitre consacré aux rêves de fausses alertes, pourquoi l'initiative de créer des bureaux d'enregistrement de rêves de catastrophes était vouée à l'échec. Trop de personnes mangent mal, vivent dans le stress, dans les soucis et dorment dans des logements modernes construits en dépit du «bon sens énergétique», sans compter que les médias nous abreuvent sans trêve d'images de violence, d'horreur, de sang et de catastrophes. S'il est vrai que c'est avec l'énergie du rêve (c'est-à-dire la vie) que nous construisons d'abord notre réalité, la réalité influence aussi le rêve. De ce fait, une personne qui regarde, par exemple, un film d'horreur avant d'aller dormir «programme» son cerveau pour rêver d'horreur. En d'autres termes, elle se met dans l'ambiance énergétique et dans les conditions psychologiques pour rêver d'horreurs au moins pendant les premières heures de la nuit.

Par conséquent, si vous passez votre temps à regarder, à entendre, à lire des horreurs de toutes sortes, attendez-vous à faire des rêves et des cauchemars qui seront influencés par vos activités de la journée! A contrario, vous savez donc ce qu'il faut faire pour faire de beaux rêves, et aussi pour tirer bénéfice de votre temps de sommeil au lieu de le gaspiller en rêves sordides conditionnés par les médias!

Un cerveau bombardé, sans répit, d'informations catastrophiques a toutes les probabilités de créer des rêves catastrophiques. Il y a en effet tellement de catastrophes toutes prêtes dans ses mémoires! De plus, les personnes qui surchargent leurs cerveaux d'informations audiovisuelles et qui ne s'accordent jamais de temps de silence (qui souvent leur font peur), ont des types de «rêves» qui ne sont pas vraiment des rêves, mais des sortes de résidus de la «digestion» des informations de la veille qui ont saturé leur cerveau. C'est même plutôt dans ce cas, d'une indigestion permanente d'informations qu'il faudrait parler et qui prive la personne de sa vraie capacité de rêver et de sa possibilité d'entrer en contact avec son corps et aussi avec son subconscient.

De nos jours, de nombreux individus souffrent sans en être conscients d'une réelle indigestion informationnelle faite d'images et de messages de désastres, de guerres, de violences et d'horreurs.

Pour ma part, il y a très longtemps que j'ai pris les mesures qui s'imposent pour conserver ma vraie faculté de rêver: je n'ai plus de télévision et je protège autant que possible ma psyché des «journaux d'information», et des films, livres et spectacles émotionnellement et psychologiquement malsains qui font diminuer la vitalité et diminuent les chances de faire de beaux rêves réparateurs ou créatifs et d'être prévenus des dangers réels qui nous menacent dans notre environnement! Quand je vais au cinéma, c'est presque toujours dans mes rêves. Les paysages y sont grandioses, la lumière, les couleurs et la musique aussi et je me réveille de bonne humeur et pleine d'énergie, d'informations et de projets.

CONCLUSION

A travers le canal de notre corps, la psyché a la possibilité d'accéder à toutes informations de son environnement en temps réel. Notre esprit conscient joue principalement un rôle de filtre qui sera paramétré selon nos intérêts conscients du moment. Si notre cerveau ne filtrait pas la multitude d'informations captées en permanence par notre corps et notre subconscient, nous pourrions devenir fous et aussi par exemple rêver en permanence de toutes les catastrophes qui se déroulent dans le monde et qui ne nous menacent pas directement.

Actuellement, le «filtre» de l'homme moderne s'est extrêmement fermé à son environnement naturel, ne laissant passer que très peu d'informations sur l'énergie des lieux. Mais, étant donné que nous sommes presque tous fortement intéressés au fait de rester en vie, notre «filtre» peut de ce fait être facilement «reprogrammé» pour faire passer les informations oniriques importantes pour notre survie. Il suffit pour cela de faire le travail d'observation des rêves et de la réalité proposé dans cet ouvrage.

Les catastrophes naturelles sont, sauf exception, rêvées quand elles nous concernent personnellement ou quand elles concernent des personnes qui nous sont proches affectivement. Partout dans le monde, les individus devraient eux-mêmes se prendre en charge et faire l'effort d'explorer leur monde onirique pour apprendre à mieux communiquer avec leur subconscient et avec leur corps qui sont toujours là, comme des anges gardiens, pour les aider efficacement à préserver leur vie. Quant aux animaux, cela nous rendrait un grand service de les observer davantage, mais dans le domaine de la prévision des catastrophes, ils ne pourront jamais égaler le cerveau d'un être humain formé à utiliser ses capacités oniriques. L'animal en effet ne semble pas avoir la capacité de détecter des dangers qui n'ont pas une origine naturelle, mais sont le fait des activités humaines. Par exemple, dans les villes, l'instinct des chats n'est pas opérationnel pour survivre à la circulation automobile. De même, les animaux ne s'enfuient pas avant une catastrophe nucléaire, alors qu'un rêveur entraîné peut être averti de ce genre de catastrophe. Il ne me semble pas que les animaux puissent détecter grâce à leur subconscient si un avion ou tout autre moyen de transport présente un problème technique. En revanche, je sais qu'un rêveur entraîné selon la méthode que j'ai expliquée dans ce livre, pourra savoir avant de prendre un avion, s'il va arriver sain et sauf à destination, où par exemple, si l'avion présente des risques techniques.

Réussir à faire cela est très simple. Il suffit de tenir un carnet de rêves et de réalité comme indiqué dans ce livre. A travers cet exercice, on apprend à être familier avec son univers onirique et à voir comment notre force vitale nous propulse en permanence dans l'avenir proche ou lointain. Alors, c'est tout simple de savoir si vous allez arriver à destination avec votre avion, ou votre bateau. Faites attention à vos rêves avant de partir (une à deux semaines avant) et si vous voyez que dans vos rêves votre vie continue normalement. Par exemple, si vous commencez à rêver de l'endroit où vous vous rendez, des choses que vous y ferez, des vêtements que vous allez porter, et de personnes que vous y rencontrerez, c'est que votre trajet se passera bien.

Je suis très heureuse d'avoir partagé avec vous le fruit de mes recherches dans ce domaine et j'espère que ce livre vous a intéressés.

Pour ceux qui veulent aller plus loin, j'organise régulièrement des stages qui sont annoncés sur mon site et je donne aussi des conférences sur d'autres aspects des rêves, par exemple sur les rêves et l'innovation.

http://www.amancini.com

Je coache quelques personnes par année en individuel pour une période allant de 6 mois à un an, pour les aider à se développer plus rapidement et plus facilement. J'interviens aussi ponctuellement pour aider des personnes à régler toutes sortes de problèmes. Je peux aussi, par exemple, retrouver grâce à mes rêves des objets perdus. Je suis joignable par courrier électronique à l'adresse suivante:

info@amancini.com

P.S.: Alors que je terminais ce livre, j'ai rencontré un chercheur qui m'a assuré que d'après ses calculs astronomiques il se produirait le 6 juin 2012 un cataclysme, en raison d'un transit de Vénus et qu'un tiers de la population du globe périrait à cause de ce transit. J'ai fait quelques recherches sur Internet et j'ai constaté que des informations circulent à ce sujet, mais aussi des annonces d'autres cataclysmes à d'autres dates, notamment en décembre 2012.

Pour ma part, je n'ai pour le moment rien rêvé de tel, ni à Paris, ni lors de mes récents voyages en Normandie. Mes rêves suivent leur cours normal, c'est-à-dire que j'y vois que ma vie continue normalement. Si un cataclysme devait survenir prochainement et emporter un tiers de la population, nous serions nombreux à faire depuis un certain temps déjà des rêves d'un genre très spécial[26] et en tout cas en décrochage complet par rapport à nos préoccupations habituelles.

Carpe diem.

---

[26] Vous trouverez dans cet ouvrage des exemples de rêves faits par des personnes à l'approche de la mort: KELSEY Morton, *Dreams: A Way to Listen to God*, New York/Mahwah, Paulist Press, 1989. Par ailleurs

REPONSES AUX QUESTIONS FRÉQUENTES

1: Pourquoi est-ce que je ne rêve pas?

Il est scientifiquement admis que tout le monde, sauf atteinte grave à l'intégrité du cerveau, rêve. Le rêve est nécessaire à la bonne santé physique et psychologique. Il est assez facile aux personnes qui pensent qu'elles ne rêvent pas[27] de réactiver la mémoire des rêves. Si vous avez des problèmes pour vous souvenir de vos rêves, à défaut de rêves notez vos impressions le matin au réveil, votre état émotionnel. Vous sentez-vous triste, joyeux? Notez les pensées qui vous viennent à l'esprit dès que vous avez ouvert les yeux. Bien sûr, si vous vous réveillez avec un radioréveil qui hurle "bonjour Simone" alors que ce n'est pas votre prénom, votre cerveau sera immédiatement occupé à réfléchir à ce changement inattendu d'identité. De même, si à peine réveillé vous précipitez mentalement ou physiquement sur les activités de la journée, vous aurez bien peu de

---

[27] Et qui n'utilisent pas de médicaments qui entravent la faculté de rêver.

chances de récupérer quelques bribes de rêves. Normalement, il suffit de s'intéresser aux rêves pour mieux s'en souvenir. La mémoire des rêves s'améliore très rapidement lorsqu'elle est sollicitée et j'ai remarqué aussi que simultanément c'est la mémoire des événements de la journée qui se trouve aussi améliorée. A l'inverse, si vous améliorez votre mémoire dans la réalité, cela ne peut que rejaillir aussi sur la mémoire des rêves. Si vraiment, vous ne parvenez pas par un moyen ou un autre à vous souvenir de vos rêves, vous pouvez penser à utiliser l'effet d'entraînement qui émane d'autres personnes qui rêvent beaucoup et se souviennent de leurs rêves. Si vous passez du temps auprès de telles personnes, cela contribuera à relancer votre propre "mécanique onirique". Faites-en l'expérience, nous nous communiquons beaucoup plus de choses que ce que nous croyons. Cependant, avant de demander une aide extérieure, vérifiez que vous dormez suffisamment. En effet, si vous êtes trop fatigué et ne dormez que le strict temps nécessaire à votre récupération physique, vous aurez peu de chances d'avoir une bonne mémoire de vos rêves. Si tel est votre cas, essayez d'allonger votre temps de sommeil. Avant de vous endormir, vous pouvez aussi vous demander à vous même de rêver et de vous souvenir de vos rêves. Cela fonctionne très bien. Vous pouvez aussi manger plus légèrement le soir ou changer de chambre. J'ai observé au cours de mes recherches sur l'effet des cristaux sur le processus onirique et sur le sommeil, que placer une belle pointe de cristal de quartz sous l'oreiller a un effet amplificateur de la mémoire des rêves. Il les rend aussi plus clairs et plus lumineux. C'est une expérience facile à faire et sans danger. D'autres moyens ont été proposés dans les ouvrages sur les rêves en voici quelques-uns (que je n'ai pas eu besoin de tester):

Dans un livre sur le yoga des rêves: il est conseillé de laisser entrer plus d'air et/ou de lumière à l'endroit où vous dormez; de visualiser une boule rouge au niveau du chakra de la gorge; ou une perle blanche sur le front.[28]

Dans un livre sur le rêve lucide: il est conseillé de prendre un supplément de vitamine B6 et d'utiliser de la noix de muscade dans vos préparations culinaires. Ce livre conseille aussi

---

[28] Voir: NORBU, NamKhai, *Le Yoga du Rêve*, *op. cit.*, p. 75.

l'usage d'un coussin empli d'armoise (*artemisia vulgaris*) ou l'utilisation de l'huile essentielle de sauge qui a des propriétés hypnotiques. Cette huile ne doit pas être utilisée lorsque vous avez ingéré de l'alcool ou en même temps que le coussin rempli d'armoise. En outre, ce coussin ne doit pas être utilisé par les femmes enceintes, car cette plante contient un composant susceptible de favoriser les fausses couches.[29]

Dans un livre sur le décodage des rêves écrit par une psychologue[30]: nous pouvons lire que la motivation est extrêmement importante, qu'une nourriture lourde et grasse, le tabac, l'alcool et les tranquillisants doivent être évités. L'auteur signale aussi le problème du réveil matin, qui en vous réveillant brusquement vous fait oublier vos rêves. Pour s'aider, le livre conseille la méthode du verre d'eau. Voilà en quoi cela consiste: le soir vous mettez un verre d'eau sur votre table de nuit et avant de vous

---

[29] DEVEREUX Paul and DEVEREUX Charla, *The Lucid Dreaming Book, How to awake within, control and use your dreams*, Boston, Tokio, Journey Editions, 1998.

[30] SALVATGE Geneviève, *Décodez vos rêves*, Paris, Presses Pocket, 1992, p. 20-21 and 34-35.

endormir vous en buvez un peu, tout en vous disant que le lendemain, lorsque vous boirez le reste, vous vous ressouviendrez de vos rêves. L'auteur cite en outre quelques élixirs floraux qui peuvent vous aider, (mûre, myosotis, oranger, pommier). Elle écrit que l'élixir Chaparral des laboratoires Deva aide à[31] la réémergence d'émotions réprimées. Elle mentionne aussi les remèdes floraux du Dr BACH. Tous ces remèdes floraux, sans effets secondaires, peuvent vous être très utiles, toutefois ils ne sont pas absolument nécessaires. Vous rêvez naturellement et vous pouvez vous souvenir tout aussi naturellement de vos rêves.

Dans un livre sur la créativité onirique: il est conseillé de rester immobile les yeux fermés lorsqu'on se réveille et d'essayer de se souvenir

---

[31] Laboratoires DEVA, P.P. 3, 38880 Autran; Dr Edward BACH Centre Mount Vernon, Wallingford, Oxon OX10-OPZ. Aux Etats-Unis, les fleurs de BACH peuvent s'acheter dans des magasins diététiques. En Grande Bretagne ils sont très faciles à trouver, dans les drogueries, les pharmacies et même dans certains aéroports. En France, vous pouvez les trouver dans des magasins de produits diététiques et ils sont aussi vendus dans des boutiqucs spécialisées comme Anthyllide, www.anthyllide.com.

des rêves. Il est alors conseillé de changer la position de votre corps dans le lit. Le changement de position corporelle provoque souvent l'émergence de souvenirs de rêves. Ce conseil est donné par Patricia GARFIELD dans son livre *Creative Dreaming*.[32]

Dans le livre d'Hervey de Saint Denys sur la lucidité onirique, on trouve un moyen très astucieux, mais assez difficile à mettre en oeuvre pour faire retrouver à des personnes la mémoire de leurs rêves. Je cite[33] l'auteur:

> *Un intime ami, avec lequel j'ai fait un assez long voyage et qui s'intéressait à mes recherches, soutenait en homme convaincu que jamais il n'avait de rêve dans son premier sommeil. Plusieurs fois, je l'avais éveillé peu de temps après qu'il s'était endormi, et toujours il m'avait assuré de très bonne foi qu'il ne pouvait*

---

[32] GARFIELD Patricia L., *La créativité onirique, Du rêve ordinaire au rêve lucide*, (titre original: *Creative Dreaming*), Paris, J'ai Lu, 1974, p. 200.
[33] Hervey de Saint Denys, *Les rêves et les Moyens de les Diriger*, *Observations pratiques*, Edition intégrale, Buenos Books International, Paris, p. 121

se souvenir d'aucun songe. Un soir qu'il dormait depuis une demi-heure environ, je m'approche de son lit, je prononce à mi-voix quelques commandements militaires: Portez-arme! Apprêtez-arme! Etc., et je l'éveille doucement.

«Eh ! bien, lui dis-je, cette fois encore n'as-tu rien rêvé?

— Rien, absolument rien, que je sache.

— Cherche bien dans ta tête.

— J'y cherche bien, et je n'y trouve qu'une période d'anéantissement très complet.

— Es-tu bien sûr, demandai-je alors, que tu n'as vu ni soldat...»

A ce mot de soldat, il m'interrompt comme frappé d'une réminiscence subite, «C'est vrai! C'est vrai! Me dit-il, oui, je m'en souviens maintenant; j'ai rêvé que j'assistais à une revue. Mais comment as-tu deviné cela?»

Je demandai la permission de garder mon secret jusqu'à ce que j'eusse renouvelé l'expérience. Cette fois, je murmurai près de lui des termes de manège et une conversation presque identique s'établit entre nous deux, dès qu'il fut réveillé. Il n'avait d'abord présente à l'esprit la notion d'aucun rêve, puis il se rappelait, sur mes indications, celui que mes paroles avaient provoqué; et, mis dans cette voie de réminiscences, il retrouvait en outre le souvenir de plusieurs visions antérieures, dont mon intervention avait troublé le cours.

Peu de temps après cette seconde expérience, j'en fis encore une troisième qui n'eut pas moins de succès. Au lieu d'employer la parole comme moyen d'influencer le rêve de mon compagnon de route, je m'étais servi de petits grelots légèrement agités, dont le bruit avait suscité l'idée que nous poursuivions notre voyage, dans une malle-poste qui parcourait les grands chemins.

2: Comment puis-je interpréter mes rêves?

Au début de l'expérience, contentez-vous de prendre des notes sur vos rêves et sur votre réalité de la manière que je préconise dans ce livre. Ne cherchez pas à interpréter vos rêves d'emblée, vous les comprendrez beaucoup plus facilement après un certain temps, car en faisant ce simple travail d'observation neutre, vous améliorez automatiquement la communication entre votre subconscient, votre corps et votre esprit conscient. L'amélioration de cette communication entraîne une amélioration de la circulation énergétique dans votre corps. Après un certain temps[34], lorsque vous aurez rassemblé suffisamment d'observations, il vous suffira de relire d'une traite toutes vos données. Vous verrez alors que les mêmes symboles oniriques apparaissent en relation avec une même réalité et cela vous permettra de déduire le sens précis de vos propres symboles oniriques. Par exemple, lorsque j'étais étudiante et que je travaillais en tant qu'intérimaire, les rêves de pertes de chaussures correspondaient à des fins anticipées et rationnellement imprévues de mes missions d'intérim dans la réalité. Tandis que les rêves

[34] Il faut compter généralement un an pour les personnes les moins douées.

dans lesquels je me voyais porter un magnifique chapeau m'annonçaient des emplois d'un plus haut niveau intellectuel. Grâce à ce phénomène, il vous sera possible de comprendre la plupart de vos rêves, de façon beaucoup plus fiable qu'avec toutes les autres méthodes d'interprétation des rêves qui sont généralement utilisées.

Comme vous l'avez certainement compris, l'environnement des rêveurs joue un grand rôle dans le contenu des rêves, de ce fait, pour pouvoir les interpréter correctement, on ne peut se contenter du simple récit d'un rêve, voire même d'une série de rêves sans connaître le contexte et les habitudes du rêveur. Pour illustrer la difficulté d'interpréter des rêves si on n'a pas d'informations sur la réalité du dormeur, je vais vous parler du rêve suivant tiré de mon carnet de rêves et que, malgré mon expérience, je n'ai pas pu comprendre au moment où je l'ai noté, mais seulement après avoir obtenu certains éléments de la réalité environnante. Le voilà:

«Cette nuit, j'ai fait un rêve amusant. J'étais dans un parc à l'herbe bien verte et sur des plantes il y avait plein de fleurs en forme de cubes. C'étaient des cubes de toutes les couleurs. J'étais très étonnée que la Nature ait pu produire ce type de fleurs en forme de cube que je n'avais jamais vu auparavant, et je regardais tout cela en m'amusant.»

Essayez donc d'interpréter ce rêve? Moi, je n'ai pas essayé, je savais que jc recevrais la réponse autrement. En effet, après avoir noté ce rêve, j'ai ressenti une forte envie de me rendre dans les jardins de la Cité Universitaire à Paris. Et là, surprise! Dans le jardin, une exposition artistique très originale avait été organisée: des «cadeaux» de toutes les couleurs en forme de cubes étaient exposés dans le parc. Je tenais là la réponse que je cherchais, mon rêve inexplicable m'informait simplement de ce qui se passait dans mon environnement proche, puisque je vis à proximité de la Cité Internationale. Mais en passant de mon subconscient à mon conscient par le canal des rêves, l'information captée dans mon environnement a été un peu «arrangée» pour «accommoder» mon mental: les cadeaux de carton de toutes les couleurs ont été transformés en fleurs écloses sur des plantes.

Le message des rêves est souvent transformé par rapport à la réalité qui a été captée subconsciemment. Par exemple, si vous captez en rêve des informations à propos d'une personne que vous ne connaissez pas encore, cette personne aura souvent dans votre rêve l'apparence d'une autre personne que vous connaissez déjà et avec laquelle elle partage des traits communs. Heureusement, il existe aussi beaucoup de rêves très clairs qui n'ont pas du tout besoin d'interprétation. Par exemple, vous pouvez rêver d'une question que vous pose un collègue de bureau et effectivement, cette personne vous posera cette même question le lendemain, ou une semaine plus tard. Ce type de rêve est extrêmement fréquent.

Après environ un an d'observation de vos rêves et de votre réalité, vous aurez réussi à décoder 90 % de vos symboles oniriques de manière fiable et précise. Vous comprendrez alors l'inutilité des dictionnaires de rêves. En effet, chaque personne a un langage onirique qui lui est personnel et qui résulte de la manière dont son cerveau s'est programmé dans les premières années de sa vie. Seul un travail personnel en profondeur vous permettra de décrypter votre propre code onirique pour pouvoir vous servir efficacement de votre faculté de rêver. Vous verrez qu'au cours de votre existence vos symboles oniriques restent relativement stables. Ce qui signifie que vous apprendrez le maximum de votre langage onirique dans les premières années de votre travail. Vous apprendrez par la suite de temps en temps d'autres nouvelles significations symboliques lorsque de nouveaux symboles liés à de nouvelles situations réelles se présenteront. Cela peut être comparé à l'apprentissage de la langue maternelle. Nous apprenons l'essentiel dans nos premières années.

Si un nouveau thème onirique apparaît dans vos rêves, et que vous ne souhaitez pas attendre pour connaître le sens de ces rêves, vous pouvez vous aider de tous les conseils qui ont été donnés par de nombreux auteurs, la plupart du temps psychologues, pour interpréter vos rêves. Vous pouvez utiliser par exemple la technique de l'interview de Gale Delaney.[35] Robert Moss propose, quant à lui, d'entrer à nouveau dans les rêves et de les revivre.[36]

Surtout, j'insiste à nouveau, ne vous fiez pas aux dictionnaires des rêves ou autres clefs des songes pour vous aider, ils ne feront que vous induire en erreur et vous angoisser. Ils sont souvent pleins de superstitions et peuvent être parfois très négatifs. J'ai aussi remarqué au cours des formations que je donne que des personnes qui avaient pris l'habitude d'utiliser un

---

[35] *Cf.* p. 38, sur la technique de l'interview de Gale Delanay.

[36] Moss Robert, *Dreamsgate, op. cit.*, p. 42.

dictionnaire d'interprétation des rêves pendant de longues années avaient programmé leur cerveau et leurs rêves à rêver en conformité avec le contenu de leur dictionnaire. Ce faisant, elles limitaient drastiquement leur accès au champ informationnel naturellement ouvert quand on observe ses rêves et sa réalité avec toute la neutralité d'un chercheur.

Au lieu d'utiliser des clefs des songes, pensez au contraire à comprendre vos rêves en relation avec les processus en oeuvre dans la nature. Au cours de mes recherches, j'ai pu constater que le subconscient est très lié à la nature, qu'il parle la plupart du temps «le langage de la nature» et que de nombreux symboles peuvent être compris par référence à la nature et à son fonctionnement. Par exemple, dans un rêve, une plante qui pousse signifie la croissance de quelque chose dans votre psyché ou parfois dans votre porte-monnaie ou dans vos sentiments. L'eau qui donne la vie est souvent synonyme d'énergie, et des fuites d'eau montrent au rêveur ses fuites énergétiques, etc.

A ce point de vue, un dictionnaire des

symboles est un bon instrument de travail. En langue française, vous pouvez utiliser le *Dictionnaire des Symboles*, de Jean Chevalier et d'Alain Gheerbrant.[37]

En dernier lieu, lorsque vous souhaitez interpréter vos rêves, écoutez votre intuition et prêtez une grande attention aux émotions ressenties dans le rêve. Elles sont déterminantes dans la compréhension du sens d'un rêve. C'est pour ma part, principalement l'intuition qui me guide lorsque quelqu'un me demande d'interpréter un rêve. Parfois, j'ai intuitivement la réponse immédiate, d'autres fois mon intuition me fait poser des questions appropriées sur l'environnement du rêveur. D'autres fois encore, j'ai l'intuition que ce rêve ne concerne pas la personne qui le raconte et ne peut être interprété en l'état. Il m'arrive aussi, de rêver du rêve qu'on va me raconter et de son interprétation avant même de rencontrer les personnes qui dans la réalité me raconteront leurs rêves. Cela m'arrive souvent en voyage, où je rencontre dans un train, dans un avion, dans un parc ou dans un

---

[37] Par exemple: Chevalier Jean, Gheerbrant Alain, *Dictionnaire des Symboles*, Laffont, Jupiter, collection Bouquins, Paris, 1982.

restaurant, l'inconnu(e) qui habituellement ne prête aucune attention à ses rêves, mais va ressentir une envie irrépressible de me raconter un rêve qui l'a beaucoup marqué(e) et de me demander ce que j'en pense, alors qu'il/elle ne sait pas que je m'intéresse tant aux rêves! Dans ces cas, il s'agit pour l'intéressé(e) d'un message très important que son subconscient a voulu lui transmettre. Mais ne pouvant le faire directement, il a organisé dans le monde du rêve cette rencontre qui dans la réalité semble être arrivée «par le plus pur des hasards».

3: Peut-on capter pendant les rêves des informations en provenance de lieux ou de personnes éloignés?

La réponse est: oui. Mais je ne peux vous donner d'explication scientifique à ce phénomène pourtant naturel et courant. J'ai observé tout au long de mes recherches que mon corps pouvait capter des informations en provenance de personnes éloignées. J'ai rêvé par exemple alors que j'étais à Paris d'informations précises à propos d'un événement qui se passait en Chine près de Shanghai et qui concernait un cher ami chinois. Je rêve régulièrement d'informations concernant une amie qui vit à

New York et que je peux vérifier avec elle par téléphone ou par mail.

Il m'arrive aussi très régulièrement de me «projeter en rêve» dans des lieux inconnus dans lesquels je dois me rendre. Je capte des informations à propos de ces lieux et des gens qui y vivent, avant d'y aller. Mes rêves me permettent ainsi de faciliter grandement mes voyages et de me signaler d'éventuels dangers.

J'ai pu observer que je ne capte pas d'informations au sujet de choses qui ne m'intéressent pas ou qui ne présentent pas d'affinités psychologiques avec moi. Dans l'état de rêve, la distance géographique ne compte plus pour l'accès aux informations. Ce qui prévaut alors c'est la loi de l'attraction, celle des affinités, des attirances et des centres d'intérêt.

A l'état de rêve, la loi d'attraction par affinité (ce qui se ressemble s'assemble) joue un rôle majeur dans la captation d'informations provenant de lieux éloignés ou de personnes éloignées. Cependant, tandis que vous captez des informations en provenance de personnes ou de lieux très éloignés, votre environnement immédiat et votre propre sphère informationnelle vont “colorer” et parfois déformer les informations que vous captez au loin. Certains types d’informations et d’énergies vont être attirés par vous en fonction de vos centres d’intérêt, de votre niveau d’énergie et aussi des objets qui vous entourent là où vous dormez. Si par exemple, vous dormez avec près de vous un objet ayant appartenu à un être cher qui est en voyage, vous aurez de très grandes probabilités de capter des informations concernant cette personne parce que vous dormez en ayant près de vous un objet lui ayant appartenu et qui est donc chargé de son information énergétique. Il m’arrive très souvent de rêver des personnes qui lisent mes livres sur les rêves et de communiquer avec elles à ce sujet.

De nombreuses traditions spirituelles ont mentionné le fait que lorsque nous dormons nous pouvons sortir de notre corps, voyager, rencontrer des gens et régler des affaires, etc. Vous pourrez vérifier par vous même à travers l’observation du processus onirique que c’est un phénomène courant. Lorsque ce phénomène se produit, vous pourrez remarquer que bien que vous soyez hors de votre corps, celui-ci continue de capter activement des informations que vous continuez à recevoir comme si vous étiez en même temps dans votre corps et à l'extérieur de celui-ci.

Il est aussi possible de sortir de son corps à partir de l'état de veille en utilisant des techniques particulières. Il existe des livres très intéressants à ce sujet où sont expliquées des méthodes pour sortir de son corps volontairement à partir de l'état de veille. Certains auteurs estiment ces pratiques dénuées de tout danger, mais ce n'est pas l'avis de tous les auteurs. Je trouve toutes ces recherches sur les sorties hors du corps à l'état de veille très passionnantes, mais pour ma part, je préfère faire mes sorties hors du corps, (appelées aussi voyages astraux), à l'état de rêve, car cela se fait naturellement, lorsque nous avons l'énergie et le calme pour le faire, et ne présente aucun danger.

BIBLIOGRAPHIE

Ouvrages récents sur les rêves:

Approche chamanique:

MOSS Robert, *Dreaming True, How to Dream Your Future and Change Your Life for the Bette*r, New York, Pocket Books, 2000.

www.mossdreams.com

Approche yogique:

NORBU, NamKhai, *Le Yoga du Rêve*, Paris, J.L. Accarias, 1993, collection L'originel, traduction de l'anglais par Gisèle Gaudebert.

Dans le tantra du rêve, l'objectif est la préparation au passage de la mort. Cette approche déconseille de s'appesantir sur l'analyse des rêves et sur les phénomènes tels que la télépathie ou la connaissance du futur qui surviennent pendant l'état de rêve. Elle affirme que le développement de la conscience conduit à la suppression totale des rêves.

Approche psychologique:

DELANEY Gale, *All About Dreams, Everything You Need to Know About Why We Have Them, What They Mean, and How To Put Them to Work for You,* New York, HarperCollins, HarperSanfrancisco, 1988. Approche psychologique ouverte des rêves. Il s'agit d'un ouvrage très complet qui fait l'inventaire de toutes les théories sur le rêve depuis l'antiquité et à travers le monde. L'étude exhaustive et critique de l'histoire de l'approche psychanalytique des rêves est très intéressante.

SALVATGE Geneviève, *Décodez vos rêves*, Paris, Presses Pocket, 1992

Approche religieuse du rêve:

KELSEY Morton, *Dreams: A Way to Listen to God*, New York/Mahwah, Paulist Press, 1989

Ce livre écrit par un pasteur à l'esprit ouvert est très intéressant en raison de la critique de l'attitude de l'église chrétienne au cours de l'histoire vis-à-vis du rêve. Il est aussi très intéressant pour ses exemples de rêves qui annoncent la mort.

Approche par techniques de contrôle des rêves, rêves lucides:

· LABERGE Stephen and RHEINGOLD Howard, *Exploring the World of Lucid Dreaming*, New York, Ballantine Books, 1992.

LABERGE Stephen, *Le rêve lucide: le pouvoir de l'éveil et de la conscience dans vos rêves*, (traduction de *Lucid Dreaming*), île Saint-Denis, Editions Oniros, 1991.

DEVEREUX Paul and DEVEREUX Charla, *The Lucid Dreaming Book, How to awake within, control and use your dreams*, Boston, Tokio, Journey Editions, 1998.

CASTANEDA Carlos, *L'art de rêver*, Paris, Pocket Age d'être, 1996.

Cet auteur a connu beaucoup de succès, mais ses livres ne sont pas toujours faciles à comprendre, sans compter que les informations importantes sont noyées dans une grande quantité de texte. On lira avec profit l'auteur suivant qui a réalisé une excellente synthèse des informations les plus importantes concernant l'art de rêver, contenues dans l'oeuvre de Castaneda: Les Enseignements de Don Carlos, Applications pratiques de l'Oeuvre de Carlos Castaneda, Victor Sanchez, Editions du Rocher, 1992

Approche scientifique, biologique du rêve:

Pour la France, voir le site de l'Université de Lyon 1: http://sommeil.univ-lyon1.fr/index_f.html

JOUVET Michel, *Le sommeil et le rêve*, Paris, O. Jacob, 2000.

WOODS Ralph L. and GREENHOUSE Herbert B., Editors, *The New World of Dreams*,

New York, Macmillan Publishing Co, inc., 1974.

Vous trouverez dans ce livre de nombreux articles écrits par des scientifiques qui ont étudié le sommeil, ses cycles, les effets des drogues, médicaments, alcool et excitants sur le processus onirique, les effets de la privation de sommeil chez l'homme et l'animal, ou la privation du cycle REM du sommeil.

MAGAÑA Sergio, 2012... e poi? L'alba del Sesto Sole, La via di Quetzalcoatl secondo il Calendario tolteco-mexica, Edizioni Amrita, Giaveno (TO), Italie, 2011

Ce chaman mexicain enseigne l'art de rêver selon la tradition des anciens Mexicains

http://www.concienciadimensional.com/en/members.html

Pour une synthèse des nombreuses approches des rêves:

GARFIELD Patricia L., *La créativité onirique, du rêve ordinaire au rêve lucide*, (Titre original: *Creative Dreaming*), Paris, J'ai Lu, 1974.

COXHEAD David et HILLER Susan, *Les rêves visions de la nuit*, Paris, Seuil, 1976 (traduction de: *Dreams, Visions of the Night*).

Auteurs anciens et littérature "classique" sur les rêves:

ARISTOTE, *La Vérité des songes, De la divination dans le sommeil*, (*Parva Naturalia* 462 b - 464 b), traduit du grec et présenté par Jackie Pigeaud, Paris, Rivages Poche, 1995

ARTEMIDORE, *la Clef des Songes, Onirocritique*, traduit du grec et présenté par Jean-Yves BORIAUD, Paris, Editions Arléa, 1998

FREUD Sigmund, *Sur le rêve,* Paris, Gallimard, 1988. (traduction de *Über Den Traum*, écrit en 1901)

JUNG Carl Gustav, *Souvenirs, rêves et pensées*, Paris, Gallimard, 1973.

D'HERVEY DE SAINT-DENYS, Marie Jean Léon (1822-1892: un précurseur dans ce domaine), *Les rêves et les moyens de les diriger*, Editions Buenos Books International, 2008. Cet ouvrage contient les observations de l'auteur sur ses propres expériences de lucidité onirique.

Ouvrages sur des expériences scientifiques destinées à prouver l'existence de la télépathie dans les rêves, en état d'hypnose et pendant la veille

WOODS Ralph L. and GREENHOUSE Herbert B., Editors, *The New World of Dreams*, New York, Macmillan Publishing Co, inc., second printing 1974, p. 273 et ss et p. 405 et ss.

DOSSEY, Larry, *Reinventing Medicine: Beyond Mind-Body To A New Era Of Healing*, New York, Haper Collins, 1999 relate dans ses premiers chapitres toutes les expériences scientifiques réalisées aux Etats-Unis parfois par des institutions prestigieuses comme l'université d'Harvard, à Boston.

FERGUSON, Marilyn, *La révolution du cerveau*, Paris, J'ai Lu, 1973, titre original: *The Brain Revolution*.

A PROPOS DE L'AUTEURE DE CE LIVRE

www.amancini.com

Chaîne *YouTube*:
La Signification des Rêves Autrement

https://youtu.be/HKlsL7DcCNY

Anna Mancini, Française d'origine italienne, vit à Paris et est écrivain, coach et conférencière. Stimulée par sa culture familiale, elle s'intéresse aux rêves depuis sa petite enfance.

Plus tard, alors qu'elle écrit sa thèse de doctorat sur le droit des brevets d'invention, un grand rêve change sa vie. Ce rêve spécial et très clair lui donne la solution d'une énigme de l'ancien droit romain[38] que de nombreux chercheurs partout dans le monde ne parviennent pas à résoudre.

Au lieu d'être accueillie avec enthousiasme par le milieu universitaire, cette découverte, dont elle ne mentionne pas l'origine onirique, lui vaut d'être exclue de l'université et d'être bloquée par son directeur de thèse pour sa carrière de juriste. C'est ainsi qu'elle choisit alors de se consacrer entièrement à la recherche et à l'expérimentation sur le processus onirique.

Elle a observé pendant de nombreuses années les rêves mais aussi les rêveurs, et fait des expériences pour comprendre quelle est l'influence de leur environnement et de leur hygiène de vie sur le contenu de leurs rêves. Pour ses recherches, elle a aussi tiré parti d'anciens enseignements méconnus sur la psyché humaine qui sont parvenus jusqu'à nous à travers les vestiges d'anciens systèmes juridiques.

---

[38] Cette découverte a été divulguée dans un ouvrage intitulé : *Les solutions de l'ancien droit romain aux problèmes juridiques modernes*, paru aux éditions Buenos Books International

Grâce à cette façon originale de travailler sur les rêves et à l'aide de ses propres rêves qui l'ont guidée tout au long de ses recherches, elle a pu :

- Mettre au point une méthode novatrice et efficace d'interprétation du langage onirique ;
- Inventer une technique qui permet de poser des questions à notre subconscient et d'en obtenir des réponses quel que soit le domaine ;
- Comprendre quelles sont les conditions favorables et les conditions défavorables à la survenance de rêves créatifs ;
- Et bien d'autres choses qui facilitent la vie éveillée et augmentent la vitalité des rêveurs.

Elle a créé en 1995 l'association de recherche *Innovative You*, basée à Paris, au sein de laquelle elle a pu expérimenter avec d'autres, les techniques de travail sur les rêves qu'elle a mises au point après de longues recherches personnelles.

Anna Mancini a écrit de nombreux livres dont vous trouverez une liste sur son site internet :

www.amancini.com

Elle anime des ateliers, donne des conférences et coache aussi des personnes afin qu'elles puissent apprendre à utiliser elles-aussi leurs rêves pour améliorer tous les aspects de leur vie et aussi pour devenir plus créatives. Elle enseigne ses techniques de créativité onirique en France et à l'étranger, notamment dans les départements de recherche et d'innovation des entreprises.

Autres Livres d'Anna Mancini pour vous développer dans l'art de rêver

Il faut un temps variable pour se former efficacement à mes techniques. Ce temps varie en fonction du point de départ de l'étudiant. Tout le monde peut apprendre cet art de rêver, même les personnes qui pensent qu'elles ne rêvent pas et même celles qui ont des problèmes pour dormir. Il suffit de commencer au niveau qui est le vôtre. Tous ceux et celles qui pensent ne pas rêver ou qui ne se souviennent de leurs rêves que lorsque ceux-ci sont des cauchemars peuvent tirer un grand profit de la lecture du livre que j'ai écrit pour eux: **Comment Retrouver la Mémoire de vos Rêves**.

Tous ceux et celles qui ont des problèmes d'insomnie et qui ont déjà tout essayé, liront avec profit le livre que j'ai écrit pour eux: **Astuces pour mieux dormir** qui ouvre d'autres horizons de compréhension et de soulagement des problèmes d'insomnie. Je leur conseille aussi de lire le livre de Laure Goldbright, **Témoignage sur les Bienfaits de l'Hygiène Intestinale**. Car l'état du système digestif influence énormément la qualité de notre sommeil et est à l'origine de bon nombre de troubles du sommeil.

Ceux et celles qui rêvent déjà bien et se souviennent généralement bien de leurs rêves mais n'en comprennent pas le sens liront avec profit d'abord: **La Signification des Rêves**.

D'autres livres plus spécialisés sur les techniques oniriques s'adressent particulièrement:

- aux inventeurs, aux chercheurs et aux scientifiques: **Comment Naissent les Inventions**

- aux archéologues et historiens: **Comment Percer les Secrets, les Énigmes et les Mystères de l'Ancienne Égypte et d'Autres Anciennes Civilisations**

- aux personnes qui souhaitent développer leur talents dits "paranormaux" pour connaître leur avenir: **La Voyance Onirique, Apprenez à voir votre futur dans vos rêves.**

- aux personnes qui souhaitent tirer parti de leurs rêves pour mieux gérer leur santé: **Rêves et Santé: diagnostic, prévention, guérison, et détection précoce des maladies dans les rêves**

Par ailleurs, étant donné l'accélération de la fréquence des catastrophes naturelles et la montée du terrorisme, j'ai à cœur de diffuser l'idée qu'il est possible grâce aux rêves d'être prévenus de ces dangers et d'y échapper tout en sauvant parfois aussi la vie de nos proches. J'ai écrit à cet effet: **Vos Rêves Peuvent Vous Sauver la Vie.**

Je conseille à tous ceux qui le peuvent de créer, dans leur ville, leur village, leur quartier, leur communauté, ou leur entreprise «une cellule de veille onirique». Vous trouverez toutes les explications dans le livre pour que cette cellule fonctionne efficacement.

www.ingramcontent.com/pod-product-compliance
Lightning Source LLC
LaVergne TN
LVHW091000080826
845145LV00003B/1070

* 9 7 8 2 3 6 6 7 0 0 0 1 5 *